Christoph Drösser

Fuzzy Logic

Methodische Einführung in krauses Denken

Rowohlt

rororo science
Lektorat Jens Petersen

Originalausgabe
Veröffentlicht im Rowohlt Taschenbuch Verlag GmbH,
Reinbek bei Hamburg, Juli 1994
Copyright © 1994 by Rowohlt Taschenbuch Verlag GmbH
Reinbek bei Hamburg
Umschlaggestaltung Barbara Hanke
Abbildungen Christoph Drösser
Satz Sabon (Dolev 800)
Gesamtherstellung Clausen & Bosse, Leck
Printed in Germany
1490-ISBN 3 499 19619 0

Inhalt

1	Die Luftballon-Aufblasmaschine	7
2	Die krause Wirklichkeit	14
3	Jede Menge Mengen	24
4	Graustufen	32
5	Aristoteles ist an allem schuld	52
6	Unsicherheit, Wahrscheinlichkeit, Möglichkeit	76
7	Alles unter Kontrolle	84
8	Die Fuzzy-Maschine	93
9	Der Zauberwürfel	113
10	Hartes Rechnen, weiches Rechnen	128
11	Der Boom	149

Literaturtips 159
Register 161

Die Luftballon-Aufblasmaschine

Genauigkeit ist nicht Wahrheit.
Henri Matisse

Kinder blasen gern Luftballons auf. Und sie blasen sie gern so lange auf, bis sie platzen. Die Spannung vor dem Knall kann Kinder in Entzücken versetzen und Erwachsene zur Weißglut treiben. Aber wenn sie wollen, schaffen es Kinder auch, einen Ballon «gerade richtig» aufzublasen: so, daß er schön prall ist, aber eben nicht platzt. Dabei ist es egal, ob es sich um einen großen Ballon handelt oder um einen von diesen kleinen, die sämtliche Adern am Kopf anschwellen lassen. In jahrelanger Erfahrung mit Ballons aller Art lernen Menschen offenbar, ein solches Problem zu meistern, ohne auch nur darüber nachzudenken. Wir sehen den Ballon, fühlen, wie hart er ist, und die Erfahrung «sagt» uns, wann wir aufhören sollen. Kinderleicht, im wahrsten Sinne des Wortes.

Wer schon einmal für eine Party fünfzig Luftballons aufblasen mußte, der weiß die Erleichterung zu schätzen, die eine Luftballon-Aufblasmaschine bringen würde. Also versetzen wir uns in die Lage eines Ingenieurs, der eine solche Maschine entwickeln soll: in unserem Baukasten Ballons aller Art, eine Gasflasche mit Helium, eine «künstliche Lunge», die portionsweise Gas in die Ballons pustet, diverse Ventile. Die Aufblasmaschine ist schnell zusammengebaut – aber sie ist «dumm», sie bläst und bläst, bis der Ballon platzt, wenn niemand sie abstellt.

Was wir bräuchten, wäre eine «intelligente» Luftballon-Aufblasmaschine – eine, die aufhört zu pusten, wenn der Ballon prall ist. Dazu muß sie natürlich Informationen über den Zustand des Ballons haben: Ein Sensor mißt ständig den Druck im Ballon, und die Ventile protokollieren, wieviel Gas schon in den Ballon gebla-

8 Die Luftballon-Aufblasmaschine

sen wurde. Nun fehlt nur noch eine Steuerung, die abhängig von Druck und Gasvolumen der Maschine irgendwann das Kommando gibt, mit dem Pusten aufzuhören.

Ganz einfach, wird mancher eilfertige Hobby-Ingenieur sagen: Wir geben ihr einen Grenzwert für den Druck – sobald der überschritten wird, soll die Maschine aufhören. Die Sache hat nur einen Haken: Bei vielen Ballons wird die Maschine gar nicht erst anfangen zu pusten, weil der Anfangsdruck, den es zu überwinden gilt, größer ist als der Druck, bei dem er später platzt. Ganz abgesehen davon ist dieser «Platzdruck» von Ballon zu Ballon verschieden. Das Problem ist hochgradig «nichtlinear», wie die Mathematiker sagen würden: Druck und Volumen wachsen nicht proportional zueinander, sondern in einer komplizierten Abhängigkeit.

Also machen wir erst einmal einen Feldversuch. Nachdem hundert Ballons zum Bersten gebracht wurden und uns die Trommelfelle klirren, können wir drei typische «Platzkurven» für verschiedene Ballongrößen zeichnen:

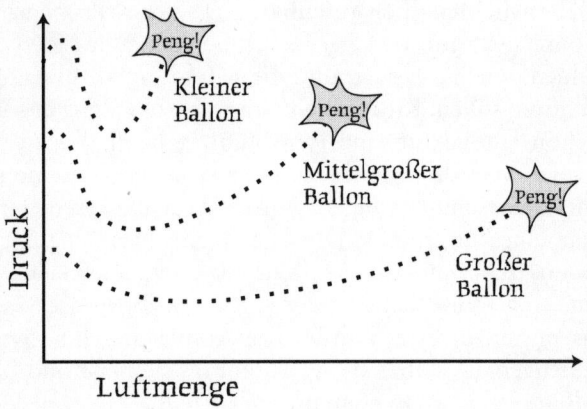

Abb. 1

An den Achsen des Diagramms stehen keine Zahlen, weil die Kurven nicht als exakte mathematische Funktionen gemeint sind – sie stellen eher qualitativ dar, was mit den verschiedenen Ballons passiert. Wir können sie also grob in drei Sorten einteilen – aber was nützt uns das?

Der klassische Regeltechniker würde nun versuchen, dem Problem analytisch zu Leibe zu rücken: Wann der Ballon platzt, hängt natürlich nicht nur vom Druck ab, sondern auch davon, wie weit der Gummi bereits gedehnt wurde. Diese Dehnung wiederum läßt sich berechnen, wenn man die Oberfläche des aufgeblasenen Ballons kennt...

Keine Frage, so kann man das Problem angehen, und in diesem Fall ließe sich wahrscheinlich sogar eine Maschine konstruieren, die in der Lage ist, Luftballons aufzublasen: Anhand exakter Gleichungen berechnet sie aus den Daten, die sie hat, die Spannung des Gummis und hört bei einer gewissen Grenze auf zu pumpen (übrigens eine Antwort, die man oft von den klassischen Regeltechnikern hört: Wir hätten das natürlich auch machen können, wir haben uns nur nicht mit so einem banalen Thema abgegeben).

Es geht aber auch anders – mit Fuzzy-Logik. Und die Fuzzy-Luftballon-Aufblasmaschine existiert tatsächlich, sie steht in einem Labor der Gesellschaft für Mathematik und Datenverarbeitung (GMD) in Birlinghoven bei Bonn. Die Maschine wird nicht bei Betriebsfesten eingesetzt, sondern dann, wenn die Mathematiker zum Beispiel auf Messen die Leistungsfähigkeit von Fuzzy-Logik demonstrieren wollen oder wenn ein Fernsehteam kommt. Einen praktischen Nutzen hat sie kaum, sie ist eher langsam, und bisweilen platzt auch ein Ballon – aber sie zeigt, daß das Prinzip funktioniert.

«Fuzzy» heißt im Englischen «fusselig, faserig, kraus, struppig, verschwommen». 1965 suchte der Informatiker Lotfi Zadeh einen Namen für seine neue Theorie. Er hätte sie «unscharf», «kontinuierlich», «mehrwertig» oder sonstwie nennen können, aber er nannte sie «fuzzy». Was dazu führte, daß die Theorie zwanzig Jahre lang von kaum jemandem ernst genommen wurde, was ihr aber auch in den letzten Jahren einen gehörigen Medienerfolg beschert hat. Weicher Plüsch und harte Logik – diese Kombination macht neugierig.

Fuzzy-Logik ist keine schlampige Logik. Sie ist eine präzise Theorie des Unpräzisen. Sie nimmt in Kauf, daß wir die Gesetze, die komplexe Systeme regieren, nicht mit letzter Präzision kennen, und versucht das Beste daraus zu machen. Und kommt dabei oft zu präziseren Ergebnissen als klassische Methoden, die ein Problem scheinbar exakt erfassen, aber an den auch für sie notwendigen Vereinfachungen scheitern.

Fuzzy-Logik versucht, die Art nachzuahmen, wie Menschen an Regelprobleme wie das Aufblasen von Luftballons herangehen:

- Sie arbeitet mit *unscharfen Begriffen*. So wie der Mensch keinen eingebauten Drucksensor hat, der ihm exakte Meßwerte liefert, verwendet Fuzzy-Logik «schwammige» Angaben wie «ziemlich hoher Druck» oder «mittelgroßes Volumen».
- Sie benutzt *unscharfe Regeln*, die den meist unbewußten Daumenregeln entsprechen sollen, die der Mensch verwendet.
- Sie verknüpft diese Regeln zu einem ebenfalls unscharfen Ergebnis – fuzzy-logische *Inferenz* (oder Schlußfolgerung) nennt sich das.
- Meistens ist es nötig, dieses Ergebnis wieder in eine präzise Anweisung umzusetzen (bei den Luftballons: «weiterpusten» oder «aufhören») – ein Vorgang, der *Defuzzifizierung* heißt.

Bei der Luftballon-Aufblasmaschine funktioniert das so: Die Eingangsdaten – Druck und Luftmenge – werden jeweils drei Fuzzy-Begriffen zugeordnet: hoher Druck, mittelhoher Druck, niedriger Druck und große Luftmenge, mittelgroße Luftmenge, kleine Luftmenge. Was diese Fuzzy-Mengen genau sind, werden wir in einem späteren Kapitel sehen. An dieser Stelle ist es wichtig zu wissen, daß zum Beispiel ein bestimmter Druck nicht entweder niedrig oder mittelhoch oder hoch ist, sondern durchaus mehrere dieser Fuzzy-Eigenschaften in unterschiedlichem Maß haben kann: etwa «hoch» zum Grad 0,8 und «mittelhoch» zum Grad 0,3.

Die Fuzzy-Regeln der Maschine haben alle dasselbe Muster:

> **Wenn die transportierte Luftmenge (groß, mittelgroß, klein) und der Innendruck (hoch, mittelhoch, niedrig) ist, dann (puste weiter, höre auf zu pusten)!**

Wenn wir alle Möglichkeiten für die Fuzzy-Variablen durchprobieren, könnten wir also bis zu achtzehn verschiedene Regeln formulieren. Wir vereinfachen uns die Sache, indem wir den «Standardzustand» der Maschine als «pusten» definieren. Das Gerät bläst und bläst, bis das Fuzzy-System es stoppt. Es sind also nur die Regeln nötig, die dafür sorgen, daß die Luftzufuhr unterbrochen wird. Und diese Regeln sollen so geschickt konstruiert werden, daß das System die Aufgabe ausführt, obwohl es nicht «weiß», wie groß der Ballon ist.

Wie kommen wir zu den Regeln? Werfen wir einen Blick auf Abbildung 1 und schauen, unter welchen Bedingungen die Ballons platzen. Ist die Luftmenge klein, passiert überhaupt nichts, egal wie hoch der Druck ist. Bei einer mittelgroßen Luftmenge platzen als erstes der kleine und der mittelgroße Ballon, und das bei ziemlich hohem Druck. Wir können also eine erste Regel formulieren, um das zu verhindern:

> **Regel 1:**
> **Wenn die transportierte Luftmenge mittelgroß und der Innendruck hoch ist, dann höre auf zu pusten!**

Wichtig ist, daß diese Regel den großen Ballon nicht tangiert – er hat bei mittelgroßer Luftmenge noch einen ziemlich geringen Druck. Und er soll ja auch nicht in diesem schlappen Zustand verbleiben, sondern schön prall aufgeblasen werden. Bei ihm wird es später kritisch – wenn er schon eine große Luftmenge abbekommen hat. Dann platzt er auch schon bei mittlerem Druck. Das gilt es zu verhindern:

Die Luftballon-Aufblasmaschine

> **Regel 2:**
> **Wenn die transportierte Luftmenge groß und der Innendruck mittelhoch ist, dann höre auf zu pusten!**

Das war's schon: Regel 1 und Regel 2 erfassen die Platz-Situation für alle drei Ballons. Für alle anderen Kombinationen von Druck und Luftmenge geben wir die Anweisung «weiterpusten». Jetzt können wir hoffen, daß der Fuzzy-Prozeß das gewünschte Ergebnis bringt.

Also werfen wir die Maschine an. Sie beginnt, in regelmäßigen Abständen ein bißchen Luft in den Ballon zu pusten. Nach jedem Luftstoß werden Druck und Luftmenge gemessen und alle Regeln darauf angewendet. Weil in der Fuzzy-Logik die Prämissen der Regeln zum Teil erfüllt sein können (die Luftmenge ist «groß» zum Grad 0,4, der Innendruck ist «mittelhoch» zum Grad 0,7), kann auch die Schlußfolgerung fuzzy sein: «Höre auf zu pusten!» zum Grad 0,4 – was immer das heißen mag. Und weil die Fuzzy-Mengen sich überschneiden, kann ein und derselbe Zustand mehrere Regeln in verschiedenem Maß aktivieren. Wir können uns die Fuzzy-Regeln wie eine Jury vorstellen, und jedes Mitglied kommt zu einem eigenen Ergebnis. Aus diesen teilweise widersprüchlichen Voten ein «fuzzy-demokratisches» Ergebnis abzuleiten ist nicht leicht. Dafür stehen uns einige Methoden zur Verfügung, die wir später kennenlernen werden.

Die Luftballon-Aufblasmaschine pustet und pustet, der Ballon wird praller und praller – und zerplatzt mit lautem Knall. Irgendwas haben wir falsch gemacht. Aber was? Es gibt verschiedene Gründe, warum ein Fuzzy-System nicht so funktioniert, wie es soll. Eine oder mehrere Regeln könnten falsch sein. Oder vielleicht ist eine Regel wichtiger als die anderen, und wir müssen «Gewichte» für die einzelnen Regeln einführen. Vielleicht stimmen aber auch unsere Begriffe nicht: So könnte ein kleiner Ballon bei einer Luftmenge platzen, die noch unter «gering» fällt, so daß unsere Regel 1 nicht anwendbar ist. In dem Fall müßte man die Grenzen der Begriffe verschieben.

Einfache Regeln allein genügen also nicht – ein Fuzzy-System birgt viele Fallen, die zu einem unerwünschten Verhalten führen können. Aber jetzt sind wir schon viel zu technisch geworden. Schieben wir dieses Problem der «Optimierung» von Fuzzy-Systemen erst einmal auf die lange Bank und beginnen unsere Reise in die Fuzzy-Welt mit dem fuzzy-logischen System, das jeder von uns täglich benutzt – der Sprache.

Die krause Wirklichkeit

Insofern sich die Sätze der Mathematik auf die Wirklichkeit beziehen, sind sie nicht sicher, und insofern sie sicher sind, beziehen sie sich nicht auf die Wirklichkeit.
Albert Einstein

Was ist ein Vogel? Man könnte ihn definieren als einen «eierlegenden Zweibeiner». Das klingt vielleicht ein bißchen komisch, aber bezeichnet präzise die Klasse der Lebewesen, die wir Vögel nennen: Jeder Vogel hat zwei Beine (vorerst sehen wir von Ausnahmen wie invaliden Stadttauben ab), und die Weibchen legen Eier, und umgekehrt ist jedes eierlegende zweibeinige Wesen ein Vogel. Dem Begriff «Vogel» entspricht eine Liste von Merkmalen, nach denen wir alle «Kandidaten» aussortieren können. Jedes Ding ist entweder ein Vogel oder ein Nicht-Vogel – etwas Drittes gibt es nicht. Außer halben Hähnchen gehört kein Ding der Welt etwa nur zur Hälfte zur Klasse der Vögel. Die Klasse der Vögel hat scharfe Grenzen.
Jahrtausendelang haben die Philosophen geglaubt, daß die Begriffe, die sich in unserer Sprache in Worten wie «Vogel» ausdrücken, so beschaffen sind. Platon war sogar davon überzeugt, daß es in einer höheren Welt den «idealen Vogel» gibt – alle konkreten Vögel, die wir in unserer «Erscheinungswelt» sehen können, seien eine Art Schatten oder Projektion dieser Idee. Aber auch für spätere Sprachphilosophen, die an diese Welt der Ideen nicht glaubten, waren die Begriffe scharf abgegrenzte Einheiten, definiert durch gesellschaftliche Konvention. In unterschiedlichen Kulturkreisen mochten die Worte unterschiedliche Bedeutungsgrenzen haben – aber stets galten diese Grenzen als klar und eindeutig.

Der Vogel an sich – Idee und Begriff

Aber denken wir wirklich so? Wie «repräsentieren» wir den Begriff «Vogel» in unserer Vorstellung? Wir beobachten nicht das Fortpflanzungsverhalten eines Tieres und zählen nicht seine Beine, wenn wir einen Vogel identifizieren wollen. Unser Hirn klassifiziert die Sinneseindrücke nicht nach Schemata wie «eierlegender Zweibeiner». Das wäre für unsere felltragenden Vorfahren viel zu zeitaufwendig gewesen: Einen Bären sehen und weglaufen mußte eins sein, langes Räsonieren (zottiges Fell? große Pranken?) wäre tödlich gewesen. Die Evolution hat den Menschen – und nicht nur ihn! – mit erstaunlichen Fähigkeiten zur Klassifizierung ausgestattet, von denen wir heute erst Bruchstücke verstehen.

Stellen Sie sich für einen Moment einen Vogel vor. Wetten, daß Sie vor Ihrem inneren Auge weder einen Strauß noch einen Pinguin oder Truthahn gesehen haben, sondern eher etwas aus der Kategorie «Amsel, Drossel, Fink und Star»? Oder vielleicht einen Wellensittich? Manche Vögel scheinen typischer zu sein als andere. Der Begriff «Vogel» besitzt eine Art «harten Kern» von typischen und einen Rand von weniger typischen Vertretern – auch wenn nach der «logischen» Definition ein Pinguin nicht weniger Vogel ist als ein Spatz. Logische Präzision und unsere Vorstellung stimmen nicht überein. Nur in besonderen Zusammenhängen stellen wir uns die weniger typischen Vögel vor – etwa in Sätzen wie «Der Vogel watschelte über das Eis» oder «Der Vogel ist seit einer Stunde im Backofen».

1973 führte die amerikanische Psychologin Eleanor Rosch ein Experiment durch, um diese These zu untermauern. Sie gab 113 College-Studenten eine Liste von verschiedenen Vertretern eines Begriffs und bat sie, auf einer Skala von 1 bis 7 einzuordnen, wie typisch diese Exemplare für ihre Kategorie waren – 1 für einen perfekten Vertreter, 7 für einen totalen Außenseiter. Die erste Erkenntnis konnte sie schon verbuchen, bevor die Fragebögen ausgewertet worden waren: Die Testpersonen konnten mit der Aufgabenstellung offenbar etwas anfangen – niemand protestierte, daß ein Tier doch entweder ein Vogel sei oder nicht. Hier sind ein paar der Ergebnisse aus diesem Versuch, gemittelt aus den 113 Fragebögen:

Die krause Wirklichkeit

Vogel		Obst		Gemüse		Fahrzeug	
Rotkehlchen	1,1	Apfel	1,3	Möhre	1,1	Auto	1,0
Adler	1,2	Pflaume	2,3	Spargel	1,3	Motorroller	2,5
Zaunkönig	1,4	Ananas	2,3	Sellerie	1,7	Boot	2,7
Strauß	3,3	Erdbeere	2,3	Zwiebel	2,7	Dreirad	3,5
Huhn	3,8	Feige	4,7	Petersilie	3,8	Skier	5,7
Fledermaus	5,8	Olive	6,2	Pickles	4,4	Pferd	5,9

Auch wenn man sich darüber streiten kann, ob eine Fledermaus überhaupt etwas Vogelhaftes hat oder eine Olive als Obst zählen kann – die «Ranglisten» stimmten unter den Probanden erstaunlich gut überein, besonders was den «Spitzenreiter» betraf. Das typische Verbrechen? Mord. Das typische Fahrzeug? Auto. Die typische Naturwissenschaft? Chemie. Bei diesen Beispielen waren sich alle Studenten einig.

«Prototypen» nannte Eleanor Rosch diese Repräsentationen von Begriffen, die fast jedem als erstes einfallen. Wieso denken wir alle an einen Singvogel, wenn das Wort «Vogel» fällt? In keiner der möglichen exakten Definitionen werden Rotkehlchen gegenüber Pinguinen bevorzugt. Ein Rotkehlchen ist nach herkömmlichen Standards kein «besserer» Vogel – aber trotzdem stufen wir es intuitiv als typischer ein. Nach weiteren Versuchen schlug Eleanor Rosch eine Erklärung vor: Ein Klavier mag zu einem gewissen Grad ein Möbelstück sein, aber es ist auch (und vor allem) ein Musikinstrument. Ein Stuhl dagegen ist ein Möbelstück und *nur* ein Möbelstück. Die Prototypen gehören in erster Linie zu einer einzigen Kategorie und können sie daher sehr gut repräsentieren. Sie sind «reine» Verkörperungen von Begriffen.

Unseren Wörtern entsprechen also keine scharf abgegrenzten Klassen von Objekten. Wörter sind wie Wolken, die in der Mitte dicht und eindeutig sind und zum Rand hin immer dünner und ausgefranster werden – eben fuzzy. Und genau das ist das Konzept einer Fuzzy-Menge: Auch wenn Eleanor Rosch in den siebziger Jahren von Fuzzy-Logik noch nichts gehört hatte – sie wies nach, daß wir in unserer Sprache nicht mit definierten Mengen operieren, wie sie die klassische Mathematik benutzt, sondern mit abgestuften, kontinuierlichen Graden von Zugehörigkeit.

In vielen Fällen ist es nicht einmal möglich, die logischen Kriterien für einen Begriff genau anzugeben: Was unterscheidet Gemüse von Obst? Was genau ist ein Möbelstück? Alle Versuche einer Definition sind unbefriedigend, sofort kann jemand mit einer Ausnahme aufwarten. Derselbe Philosoph Platon, für den die wahre Wirklichkeit in den vollkommenen, eindeutig gegeneinander abgegrenzten Ideen lag, hat dieses Spiel von Definitionsversuch und Gegenbeispiel in seinen Dialogen mit bissiger Schärfe vorgeführt: Sokrates bittet Euthyphron, ihm den Begriff «fromm» zu definieren, und treibt den Armen mit immer neuen Widersprüchen zur Verzweiflung.

Trotzdem sind Worte und Begriffe nicht willkürlich oder unnütz. Wir benutzen sie ständig, um die Wirklichkeit, die in unendlich vielen Abstufungen und Schattierungen auf uns einströmt, zu strukturieren. Wir runden ständig auf oder ab: Ein Bierglas, das noch ein paar Tropfen enthält, nennen wir leer – und nicht «zu 98 Prozent leer». Und in den meisten Ländern der Welt wird es als voll akzeptiert, auch wenn es nicht bis zum Rand gefüllt ist. (Die vielleicht einzigen Ausnahmen: In England wird das Glas bis zum Überlaufen gefüllt und sogar der Schaum abgestrichen, und die Deutschen haben den Eichstrich erfunden und kontrollieren argwöhnisch, ob das Glas auch tatsächlich «voll» ist.)

Selbst die sicherste begriffliche Einheit, von der wir sprechen können, bleibt von dieser Art Paradox nicht unberührt. «Cogito ergo sum» schrieb Descartes – ich denke, also bin ich. Auch wenn alles um uns herum nur Schein ist – das Selbst-Bewußtsein gibt uns die Gewißheit, daß wir existieren. Aber was ist das, dieses Selbst? Unser Körper ist ein offenes System, das ständig von außen Stoffe aufnimmt und sie wieder abgibt. Im Laufe von ein paar Jahren wird jeder von uns «runderneuert», tauscht seine materielle Substanz fast vollständig aus. Und selbst wenn man die individuelle «Einheit» nur über den Geist und die Gedanken definiert – bin ich mit meiner heutigen Geisteswelt derselbe wie vor dreißig Jahren? Auch wir selbst unterliegen einem ständigen Wandel. Wir brauchen Begriffe, um in dieser Welt der Veränderung Konstanten zu setzen.

Wenn die Begriffe unscharf sind und Abstufungen zulassen, dann spielt auch die Logik verrückt: Wenn x zum Grad 0,8 ein Vogel ist, was ist dann mit der Wahrheit des Satzes «x ist ein Vogel»? Er ist auch nur noch teilweise wahr. Die klassische Logik kennt aber nur wahre und falsche Sätze. Und sie beruht auf Axiomen wie dem «Satz vom Widerspruch»: Die Aussage A und ihr Gegenteil nichtA können nicht gleichzeitig wahr sein. Wenn aber x nur «zum Teil» ein Vogel ist, dann ist x auch zum Teil ein Nicht-Vogel. Ist die Grenze zwischen Schwarz und Weiß einmal niedergerissen, läßt sich auch der gegenseitige Ausschluß von A und nichtA nicht mehr halten: Ein Satz und sein Gegenteil können beide teilweise wahr sein. Im täglichen Leben haben wir damit keine Schwierigkeiten: Das Glas ist halb voll oder halb leer – je nachdem, wie man es betrachtet.

Wer über die Unschärfe, Vagheit und Widersprüchlichkeit der Sprache nachdenkt, mag sich schließlich fragen, wieso überhaupt noch sinnvolle Gespräche zwischen Menschen möglich sind. Aber es ist gerade der Reiz der Sprache, daß sie schillert, Mehrdeutigkeiten zuläßt. Literatur und Poesie wären undenkbar in einer Sprache, die wie ein Computercode nur logisch exakte Sätze aneinanderreihte. «Die erhobene Forderung nach präziser Sprache im Gespräch würde dieses auf den bloßen Austausch von Information reduzieren und zu unendlichem Streit über verwendete Begriffe führen, wenn es nicht vorher an seiner Öde schon erstickt wäre», schreibt der Fuzzy-Mathematiker Bernd Demant.

Wir können unsere Gedanken und Gefühle sehr genau mitteilen, obwohl wir unpräzise Begriffe benutzen – «genau» nicht im Sinne eines mathematischen Formalismus, sondern im Sinne von «rüberbringen, was man meint» (andererseits dauert es oft Jahre, bis zwei Menschen feststellen, daß sie die ganze Zeit aneinander vorbeigeredet haben). Fuzzy-Logik überträgt diesen scheinbaren Widerspruch auf technische Systeme: Sie erreicht das gewünschte Verhalten einer Maschine, ohne daß die Gesetze

und Regeln, nach denen die Wirklichkeit funktioniert, exakt bekannt sind.
Es gibt ein paar Bereiche, in denen verlangen wir von der Sprache Präzision: in der Mathematik, in der Naturwissenschaft, in der Rechtsprechung. Mathematiker legen in Axiomen und Definitionen fest, worauf sich ihre Sätze beziehen. Physiker definieren, was sie mit «Kraft» und «Energie» meinen. Und in Gesetzen wird ganz klar festgelegt, was «Betrug» ist: wenn jemand «in der Absicht, sich oder einem Dritten einen rechtswidrigen Vermögensvorteil zu verschaffen, das Vermögen eines anderen dadurch schädigt, daß er durch Vorspiegelung falscher oder durch Entstellen oder Unterdrücken wahrer Tatsachen einen Irrtum erregt oder unterhält». Das dient der Klarheit und dem Schutz des Angeklagten: «Du hast mich betrogen!» – dieser Vorwurf ist nur justitiabel, wenn die Tat der Definition von Betrug entspricht.
Für die reine Gedankenwelt der Mathematik ist dieser Exaktheitsanspruch unabdingbar, um ein Gebäude von «wahren» Sätzen zu konstruieren. Aber überall da, wo die krause, schmutzige Wirklichkeit ins Spiel kommt, haben auch formalisierte Fachsprachen ihre Probleme. An den Grenzen der Begriffe stoßen auch sie auf Widersprüche: Was ist das Leben? Wann beginnt es, wann endet es? Man kann die ganze Debatte über Abtreibung als einen Streit um einen Fuzzy-Begriff ansehen: Zwischen den «scharfen» Momenten der Befruchtung und der Geburt eines Menschen liegt eine neunmonatige Periode der Entwicklung, und jede Grenze, die wir zwischen Nichtmensch und Mensch ziehen, ist willkürlich. Juristen und Gesetzgeber befassen sich Tag für Tag mit der Bestimmung solcher Grenzen in einer Welt, die kontinuierlich ist. Das Schwarzweißdenken des geschriebenen Rechts muß ständig mit dem Fuzzy-Gefühl für Gerechtigkeit in Einklang gebracht werden.
Es ist wichtig, daß Wissenschaft mit scharfen, exakten Begriffen operiert – das dient der Klarheit und macht objektive Methoden erst möglich. Traditionell hat sich zum Beispiel die Physik mit «reinen», einfachen, möglichst ungestörten Systemen beschäftigt. Auf diese Weise fand Newton die Gesetze der klassischen Mechanik, etwa daß sich ein einmal beschleunigter Körper mit konstan-

ter Geschwindigkeit weiterbewegt. Kein Mechaniker kann mit diesem Gesetz viel anfangen, weil in der Praxis die Reibungskräfte jedes Fahrzeug nach kurzer Zeit zum Stehen bringen, wenn der Motor abgeschaltet wird. Viele naturwissenschaftliche Gesetze sind Abstraktionen der Wirklichkeit, die nur für sehr einfache Systeme gelten. In vergleichbarer Weise hat sich die klassische Logik nur mit elementaren Sätzen und Aussagen beschäftigt, die sich auf ein Ja/Nein-Schema reduzieren lassen. «Wir können in der Welt der Logik ebensowenig die Vagheit vernachlässigen, wie wir in der Mechanik die Reibung vernachlässigen können», sagte schon der amerikanische Philosoph Charles Sanders Pierce (1839–1914). Fuzzy-Logik ist der erste gelungene Versuch, diese «logischen Reibungskräfte» zu berücksichtigen.

Nehmen Sie von einem Sandhaufen ein Korn weg, ist er immer noch ein Sandhaufen. Also ist er auch noch ein Sandhaufen, wenn Sie ein weiteres Korn wegnehmen. Und so weiter: Irgendwann ist nur noch ein einziges Korn übrig, und es ist immer noch ein Sandhaufen – oder? Und dann nehmen Sie noch dieses letzte Korn weg... Ein solches Denkspiel ist ein sogenannter Sorites (von griechisch *soreítes* = der Häufer), der Ketten- oder Haufenschluß. Wenn sich ein Mann mit Löwenmähne ein Haar ausreißt, hat er immer noch eine Löwenmähne – und so weiter, bis zur Kahlköpfigkeit. In der klassischen Logik kann man solcher Paradoxa nur Herr werden, wenn man willkürlich Grenzen zieht: Man reduziert das Problem auf «eine Frage der Definition». Von einer bestimmten Zahl von Sandkörnern an ist ein Haufen kein Haufen mehr. Um eine Löwenmähne zu haben, braucht man eine Mindestanzahl von Haaren. Ein Buch ist «dick», wenn es mindestens 500 Seiten hat. Befriedigend ist das nicht: Warum ist ein Buch mit 498 Seiten nicht dick? Wieder zeigt sich, daß Schwarzweißbegriffe einer kontinuierlichen Wirklichkeit nicht gerecht werden. Selbst die Wissenschaft kommt darum nicht herum: Sicher gehören die unmittelbaren Nachkommen eines Lebewesens zur selben Art. Weil alle heutigen Tiere, Pflanzen und Menschen in direkter Linie von den Einzellern im Ur-Ozean abstammen, sind wir also alle Amöben...

Sorites-Paradoxa lösen sich auf, wenn man Grade von Zugehörigkeit zu einem Begriff zuläßt: Mit jedem Sandkorn, das man wegnimmt, ist der Haufen ein bißchen weniger ein Haufen. Eine Frau von 1,75 Meter Körpergröße ist ein winziges bißchen mehr «groß» als eine Frau, die 1,749998 Meter mißt. Jedes Sorites-Paradox ist ein Kandidat für eine Beschreibung mit Fuzzy-Logik. Und umgekehrt sind Begriffe, die sich nicht so leicht an quantitative Größen binden lassen, auch für die Fuzzy-Logik nicht ohne weiteres zugänglich: Was heißt es, ein bißchen weniger glücklich zu sein? Ganz bestimmt ist «glücklich» ebenso ein gradueller Begriff wie «groß», aber er entzieht sich einer Beschreibung durch Zahlenwerte. Und wo die fehlt, kann auch Fuzzy-Logik nicht viel ausrichten.

«Alles, was du tun mußt, ist einen wahren Satz zu schreiben. Schreibe den wahrsten Satz, den du kennst» – so lautete die Forderung Ernest Hemingways an den Schriftsteller. Der Fuzzy-Theoretiker Bart Kosko hat dieses Zitat aufgegriffen, um eine Art «Hemingway-Wettbewerb» auszuschreiben. Seine These: Es gibt keinen hundertprozentig wahren Satz über die Wirklichkeit. Ausgeschlossen sind dabei logische Tautologien («Wenn es regnet, dann regnet es») und die Sätze der Mathematik (die ja auch nur Umformungen der Axiome nach logischen Regeln sind). Nein, ein wahrer Satz soll eine Aussage sein, die vollkommen akkurat die Realität beschreibt. Naturwissenschaftliche Gesetze sind Versuche, eine solche Korrespondenz zwischen Sprache und Welt herzustellen, aber auch sie gelten allenfalls vorläufig, bis das nächste Experiment eine neue Formulierung notwendig macht. Die Suche nach endgültigen wahren Aussagen hat auch die gesamte Philosophiegeschichte bestimmt. Immanuel Kant (1724–1804) teilte alle Aussagen ein in «analytische Urteile», die lediglich logische Folgerungen aus den Begriffen ziehen, und «synthetische Urteile», die etwas über die Erfahrungswelt aussagen. Sein Leben lang war der Königsberger Philosoph auf der Suche nach synthetischen Urteilen, die «a priori» wahr sind. Nach Koskos Auffassung kommt jedem synthetischen Urteil ein Wahrheitswert zu, der größer als 0 (falsch) und kleiner als 1 (wahr) ist – die extremen Endpunkte sind nur für analytische, tautologische, mathematische Sätze erreichbar. Wenn wir beim Sprechen über die Wirklichkeit alles auf wahre und falsche Sätze reduzieren, dann runden wir ständig «krumme» Wahrheitswerte auf oder ab. Wir vereinfachen. «Und wer vereinfacht, der lügt», meint Bart Kosko.

Das ist wohl doch ein bißchen übertrieben. Es gibt genügend Sätze, die wir durchaus in die Kategorien «wahr» und «falsch» einordnen können, ohne unzulässig auf- und abzurunden. Ob der Satz «Bill Clinton ist der amtierende Präsident der USA» zum Zeitpunkt der Entstehung dieses Manuskripts zu 100 Prozent wahr ist oder zu 99,999 Prozent, ist Haarspalterei (andererseits würden manche dem Satz vielleicht nur 40 Prozent Wahrheit zubilligen – die anderen 60 gehören Hillary). Wichtig ist aber die Erkenntnis, daß für viele Bereiche der Wirklichkeit eine Beschreibung mit Grauwerten viel adäquater ist als die Einordnung in das Schwarzweißschema.

Das gilt um so mehr, je komplexer die Systeme werden, die wir beschreiben. Komplexe Systeme waren das Studiengebiet von Lotfi Zadeh, bevor er zum «Vater der Fuzzy-Logik» wurde. Zu den komplexen Systemen gehören all die Phänomene, die in den letzten Jahren unter dem Etikett «Chaostheorie» so populär geworden sind: ökologische Systeme, dynamische Schwingungen, Turbulenzen, das Wetter, die Börse, das menschliche Gehirn. Phänomene, die erstaunliche Übergänge zwischen geordneten und regellosen Zuständen zeigen und prinzipiell unvorhersagbar sind. Und je komplexer die Systeme, um so hilfloser die Versuche, sie präzise zu beschreiben. «Wenn die Komplexität zunimmt, verlieren präzise Aussagen an Bedeutung, und bedeutungsvolle Aussagen verlieren an Präzision», schreibt Zadeh.

Vor der Entwicklung der Fuzzy-Logik war die einzige Möglichkeit, die Unbestimmtheit solcher Systeme zu beschreiben, die Wahrscheinlichkeitsrechnung – wenn ich schon keine exakte Aussage über ein Ereignis machen kann, dann will ich wenigstens eine exakte Zahl über die Wahrscheinlichkeit seines Eintretens haben. Schon 1962, als er sich mit biologischen Systemen beschäftigte, überkam Zadeh die Ahnung, daß «wir eine radikal andere Art von Mathematik brauchen, die Mathematik krauser oder wolkiger Größen, die sich nicht mit Wahrscheinlichkeitsverteilungen beschreiben lassen». Zadeh schrieb natürlich englisch, und statt «kraus» schrieb er *fuzzy* – da war es zum erstenmal, das Zauberwort. Und drei Jahre später erschien seine Arbeit mit dem Titel «Fuzzy Sets», die heute noch im Literaturverzeichnis der meisten Fuzzy-Arbeiten auftaucht. «Fuzzy Sets», also Mengen, nicht «Fuzzy Logic». Mit mehrwertiger Logik hatten sich schon früher in diesem Jahrhundert Mathematiker und Philosophen beschäftigt. Zadehs Verdienst war es, nicht nur Grauwerte für Wahrheit einzuführen, sondern auch für die Begriffe, die wir benutzen. Bis dahin waren Begriffe scharf abgegrenzte Mengen, die einfachsten Objekte der Mathematik. Lotfi Zadeh zeigte, daß man auch Mengen als wolkige Gebilde betrachten kann. Er schaffte es, den Widerspruch zwischen «scharfer» Mathematik und vager Wirklichkeit zu überbrücken.

Jede Menge Mengen

*Spätere Generationen werden [Cantors Buch]
‹Mengenlehre› als eine Krankheit ansehen,
von der sich noch niemand erholt hat.*
Henri Poincaré

Wahrscheinlich gehören auch Sie zu denen, die in der Schule die sogenannte «Mengenlehre» mitgemacht haben – also Kringel um Äpfel und Birnen malen mußten und dergleichen. In den sechziger Jahren, als die Mengenlehre in den Schulen eingeführt wurde, gab es einen Aufstand von Eltern, die aus irgendeinem Grund mit dieser «neuen Mathematik» nicht einverstanden waren – wohl vor allem deshalb, weil sie selber noch nie etwas davon gehört hatten und die seltsamen Symbole, mit denen ihre Kinder hantierten, nicht verstanden. Dabei ist die Mengenlehre weder besonders neu (sie stammt aus dem 19. Jahrhundert) noch besonders kompliziert. Um die Fuzzy-Mengenlehre, eine wirklich neue Mathematik, verstehen zu können, müssen wir uns ein paar Grundbegriffe der traditionellen Mengenlehre ins Gedächtnis rufen, die der deutsche Mathematiker Georg Cantor (1845–1918) Ende des 19. Jahrhunderts entwickelt hat.
Eine Menge ist so ziemlich der allgemeinste mathematische Begriff, den es gibt. Sie entsteht, indem wir Elemente aus einer Grundgesamtheit zusammenfassen. Die Grundgesamtheit – das sind all die Dinge, die überhaupt für eine Menge in Frage kommen, also etwa alle natürlichen Zahlen oder alle Menschen auf dem Erdball. Einen solchen «Definitionsbereich» anzugeben ist wichtig. Cantor selbst vergaß diese Beschränkung, und das führte zu einem Paradoxon, das die Mathematik in die vielleicht größte Krise ihrer Geschichte stürzte (siehe Seite 65 f).

Mengen kann man auf sehr verschiedene Weise beschreiben. Die einfachste ist die Kringelmethode aus der Schule (die Mathematiker nennen so etwas ein «Venn-Diagramm»): «Auf dem Bild siehst du sechs Dinge. Male einen Kringel um alle Dinge, die man essen kann.»

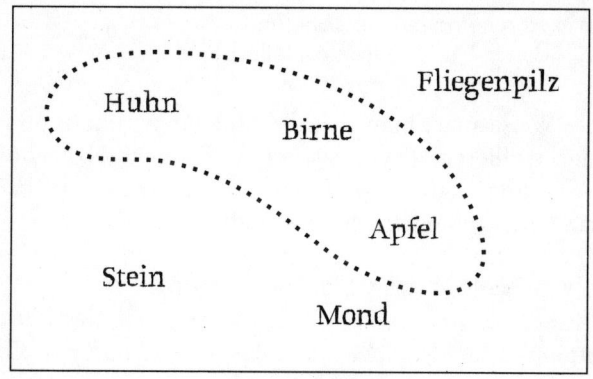

Abb. 2

Wenn man nicht immer Kringel malen will, dann kann man die Menge auch beschreiben, indem man ihre Elemente aufzählt und in geschweifte Klammern einschließt:

$M_{eßbar}$ = {Apfel, Birne, Huhn}

Mengen können unendlich viele Elemente haben, etwa die geraden natürlichen Zahlen:

G = {2,4,6,8,10...}

Mathematiker schreiben Mengen am liebsten so, daß sie ein Kriterium angeben, wann ein Element zur Menge gehört, etwa die Menge aller Vögel, wie sie in Kapitel 2 definiert wurde:

V = {x | x hat zwei Beine, und x pflanzt sich durch Eierlegen fort}

(Das liest sich «V gleich Menge aller x, für die gilt: x hat zwei Beine...»)
Die Mengen der Mathematiker sind natürlich abstrakterer Natur, etwa die Menge aller Primzahlen:

P = {n | n ist eine natürliche Zahl, und
n ist nur durch 1 und sich selbst teilbar}

Auf diese Weise spart man sich die Aufzählung und muß nur bei Bedarf kontrollieren, ob ein bestimmtes Element dazugehört oder nicht. Allerdings kann es durchaus vorkommen, daß kein Element das Kriterium einer Menge erfüllt:

W = {x | x ist ein Vogel, und x hat vier Beine}

W ist offenbar die «leere Menge», das Symbol dafür ist $\emptyset$.
Wenn ein Element x zu einer Menge M gehört, dann schreibt man das:

$x \in M$

Aber welche Notation man auch für eine Menge wählt, eines gilt immer: *Jedes Element gehört entweder zu M oder nicht.* Es liegt innerhalb des Kringels oder außerhalb, es ist in der Aufzählung in den geschweiften Klammern enthalten oder nicht, es erfüllt die Bedingung hinter dem senkrechten Strich oder nicht. Eine Zahl kann nicht «ein bißchen» eine Primzahl sein oder «mehr oder weniger» gerade. Die gesamte klassische Mathematik beruht auf dieser Eindeutigkeit und hat damit viel erreicht – vielleicht ein Grund dafür, warum viele Mathematiker der unscharfen Fuzzy-Mengenlehre skeptisch gegenüberstehen.
Mengen sind Begriffe. In der Mathematik ist es üblich, einen neuen Begriff zu definieren, indem man die Menge der Objekte angibt, die man forthin mit diesem Begriff bezeichnen will. Wir nennen eine Zahl eine Primzahl genau dann, wenn sie in der oben

nennen eine Zahl eine Primzahl genau dann, wenn sie in der oben definierten Menge P enthalten ist. Oder anders gesagt: Die Aussage «p ist eine Primzahl» ist genau dann wahr, wenn die Aussage «p ∈ P» wahr ist. Wir überprüfen die Wahrheit einer Aussage über die Zahl p, indem wir nachschauen, ob p in der entsprechenden Menge enthalten ist. Mengenlehre und Logik sind also eng miteinander verbunden.

Mit Mengen kann man «rechnen», allerdings etwas anders als mit Zahlen. Diese Rechnerei mit Mengen hat wahrscheinlich die Eltern der sechziger Jahre besonders aufgebracht, deshalb vergewissern wir uns noch einmal der Grundzüge an einem Beispiel:

Achim, Birgit, Christiane, Doris, Elmar, Frank und Gerhild treffen sich auf einer Party (die Namen in solchen Beispielen sind natürlich immer so gewählt, daß sie sich schön abkürzen lassen, und wir werden die sechs fortan mit den Buchstaben a, b, c, d, e, f, g bezeichnen). Sie bilden unseren «Definitionsbereich» P (für Party). a, b und c kommen aus Köln, d, e und f aus Hamburg, g stammt aus Berlin. Wir haben also drei Mengen:

$K = \{a,b,c\}$
$H = \{d,e,f\}$ und
$B = \{g\}$

Zwei weitere Mengen ergeben sich «natürlich»:

$M = \{a,e,f\}$ und
$F = \{b,c,d,g\}$

Jetzt wollen wir die Menge aller «Hamburger Jungs» ermitteln. Dazu bilden wir den «Durchschnitt»

$H \cap M = \{x \mid x \text{ ist aus Hamburg, und } x \text{ ist ein Mann}\}$

oder, mathematischer:

$H \cap M = \{x \mid x \in H \land x \in M\} = \{e,f\}$

(Das kleine Dach «∧» ist das logische Zeichen für «und» – und daß es an das «∩» des Durchschnitts erinnert, ist kein Zufall.)
Die «Vereinigung» zweier Mengen erhalten wir, indem wir alle Elemente zusammenfassen, die zu mindestens einer der Mengen gehören. Also etwa alle Personen, die männlich sind oder aus Hamburg kommen oder beides:

$$H \cup M = \{x \mid x \in H \vee x \in M\} = \{a,d,e,f\}$$

Das Zeichen «∨» ist das logische «oder» – nicht zu verwechseln mit dem umgangssprachlichen «oder» im Sinne von «entweder... oder» – es schließt auch den Fall ein, daß beide Aussagen erfüllt sind.
Die dritte wichtige Mengenoperation ist die Bildung des «Komplements» einer Menge – wir fassen alle Elemente zusammen, die nicht zu einer Menge M gehören. Also in unserem Beispiel etwa alle Nicht-Kölner:

$$\overline{K} = \{x \mid x \notin K\} = \{d,e,f,g\}$$

(Das Zeichen «∉» bedeutet «ist nicht Element aus» – die Mathematiker streichen ein Symbol durch, wenn sie seine Verneinung meinen.)
All diese Definitionen gelten natürlich nicht nur für endliche Mengen, sondern auch für unendliche wie etwa Mengen von Punkten in der Ebene. Wir können zum Beispiel zwei Kreisscheiben A und B in einem Viereck X betrachten und erhalten so eine geometrische Vorstellung von Durchschnitt, Vereinigung und Komplement:

Vereinigung und Komplement 29

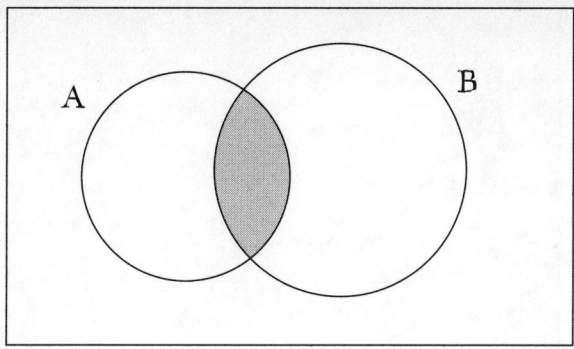

$A \cap B$

Abb. 3a

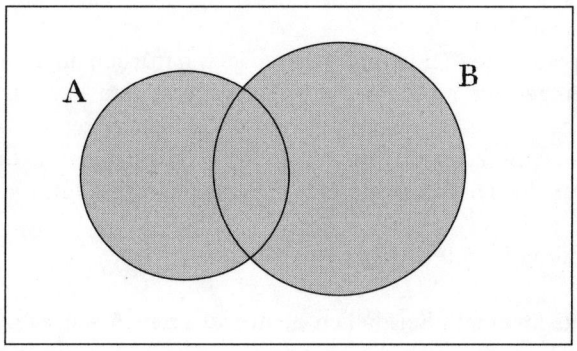

$A \cup B$

Abb. 3b

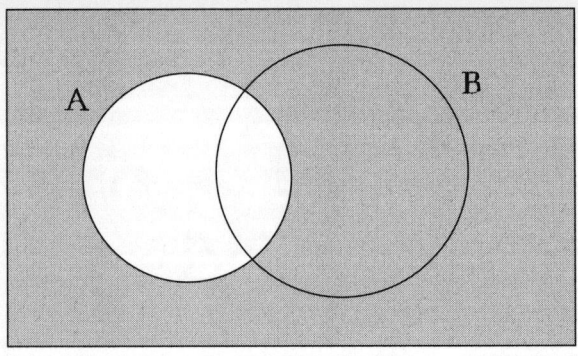

$\overline{A}$

Abb. 3c

Die Operationen ∩, ∪ und ¯ lassen sich natürlich auch in beliebiger Reihenfolge miteinander verknüpfen – man kann mit ihnen rechnen, und es ergeben sich ganz ähnliche Gesetze wie beim Rechnen mit Zahlen, etwa das «Ausmultiplizieren» von Klammern, auch «Distributivgesetz» genannt:

A ∩ (B ∪ C) = (A ∩ B) ∪ (A ∩ C)

(Um das an einem Beispiel zu demonstrieren: A sei die Menge aller Bundesminister, B die Menge aller CDU-Bundestagsabgeordneten, C die Menge aller CSU-Abgeordneten. Dann gilt: Die Menge aller Minister, die Mitglied in der CDU/CSU-Fraktion sind, erhält man durch die Vereinigung der CDU-Minister, die gleichzeitig Abgeordnete sind, und der CSU-Minister, die Abgeordnete sind. Also recht banal, aber mathematisch wichtig.)

Zwei der wichtigsten Gesetze der klassischen Mengenlehre betreffen eine Menge A und ihr Komplement $\overline{A}$:

A ∩ $\overline{A}$ = ∅
A ∪ $\overline{A}$ = X

Ein Ding kann nicht zu A und zu $\bar{A}$ gleichzeitig gehören. Es hat eine gewisse Eigenschaft, oder es hat sie nicht. Der Begriff «Stuhl» teilt die Welt in Stühle und Nicht-Stühle. Ein Zwischending gibt es nicht. Und weil Mengen äquivalent sind zu Aussagen, bedeutet dies auch: Eine Aussage ist wahr oder falsch, etwas anderes existiert nicht.

Wir haben im letzten Kapitel schon gesehen, daß Menschen nicht so denken und sprechen. Die Begriffe unserer Sprache mögen klassischen Mengen ähneln, aber sie sind keine Mengen. Sie lassen Graustufen zu, sie sind unscharf. Dieser Widerspruch war die Motivation für die Fuzzy-Logik – oder besser die Fuzzy-Mengenlehre. Sie ist der Versuch, einen Mengenkalkül zu schaffen, mit dem man genauso präzise rechnen kann wie mit herkömmlichen Mengen, bei dem aber der «Satz vom ausgeschlossenen Dritten» nicht unbedingt gelten muß.

Graustufen

> *Die einzigen Teilmengen des Universums, die nicht grundsätzlich fuzzy sind, sind die Konstrukte der klassischen Mathematik.*
> Bart Kosko

Das klassische Beispiel für einen Fuzzy-Begriff verwendete schon Lotfi Zadeh in seinem ersten Fuzzy-Artikel 1965: Wann nennen wir einen Menschen «groß»? Schauen wir uns ein Beispiel an: sechs Männer verschiedener Körpergröße, die wir wieder mit den Buchstaben a, b, c, d, e, f abkürzen (daß diesmal keine Frauen vertreten sind, hat nichts mit Diskriminierung zu tun – bei Frauen bedeutet «groß» eben etwas anderes als bei Männern).

	Größe
Alfred	1,62 m
Bernd	1,72 m
Christian	1,79 m
Dieter	1,81 m
Elmar	1,90 m
Franz	2,07 m

Sicherlich sind wir uns alle einig, daß e und f große Männer sind, während a etwas kurz geraten ist. Bei b, c und d hingegen kommt es auf den Standpunkt an. Wollten wir eine klassische Menge aller großen Männer definieren, so müßten wir eine Grenze angeben, etwa

G = {x | x ist ein Mann, und x ist größer als 1,80 m}

Fuzzy-Menge: graduelle Zugehörigkeit

Nach dieser Definition ist d groß und c nicht groß, obwohl die beiden fast dieselbe Körpergröße haben. Es kann sogar noch schlimmer kommen: Da der Mensch im Laufe des Tages kleiner wird, könnte Dieter morgens zu den großen Männern gehören und abends nicht.

Das ist offensichtlich nicht sehr befriedigend. Unser Begriff von «groß» ist ein fließender, der keine solchen scharfen Übergänge kennt. Eine Fuzzy-Menge versucht das zu berücksichtigen:

Anstatt jeden der Männer eindeutig der Menge G zuzuordnen oder nicht, definieren wir einen «Grad der Zugehörigkeit» zwischen 0 und 1, abhängig von der Größe. Weil wir nicht nur die sechs Männer einordnen wollen, sondern auch zukünftige Kandidaten beliebiger Größe, erstellen wir eine Funktion, die zu jeder Größe einen Wert zwischen 0 und 1 liefert.

Nehmen wir einmal an, wir wären uns einig, daß alle Männer unter 1,70 auf jeden Fall nicht groß sind, die Männer über 1,90 auf jeden Fall groß, dann könnten wir folgende Funktion G(x) zeichnen:

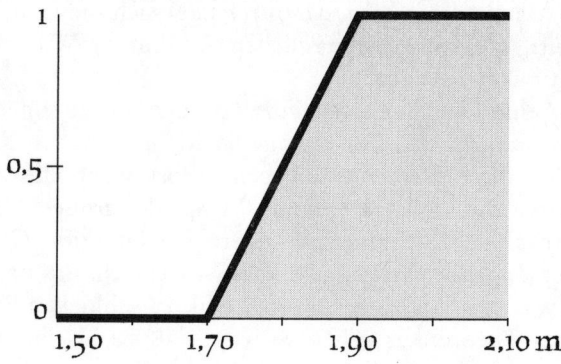

Abb. 4

Daß die «Kurve» keine Kurve ist, sondern eine Zickzacklinie, muß nicht so sein – wir könnten auch eine elegante S-förmige Linie zeichnen. Die Fuzzy-Leute verwenden meistens die Zickzacklinie, weil sie leicht zu berechnen ist und es in der Praxis auf diese Feinheiten nicht ankommt.

Jetzt können wir von der Kurve die Werte für unsere Kandidaten ablesen:

	Größe	G(x)
Alfred	1,62 m	0
Bernd	1,72 m	0,1
Christian	1,79 m	0,45
Dieter	1,81 m	0,55
Elmar	1,90 m	1
Franz	2,07 m	1

Wir haben also das Problem der scharfen Grenze zwischen «groß» und «nicht groß» gelöst, indem wir einen gleitenden Übergang geschaffen haben. Dafür haben wir uns eine ganze Menge neuer Schwierigkeiten eingehandelt: Was *ist* nun eigentlich die Menge der großen Männer? Läßt sich dieser neue Mengenbegriff mit dem herkömmlichen versöhnen? Wie «rechnet» man mit Fuzzy-Mengen?

Weil einzelne Elemente einer Fuzzy-Menge nur zu einem gewissen Grad angehören, kann man die Menge nicht mehr durch Aufzählen ihrer Elemente angeben, selbst wenn die Zahl der Kandidaten endlich ist. Die Fuzzy-Menge der großen Männer ist keine Anzahl von Männern, sondern die Funktion G, die den Grad der Zugehörigkeit angibt! Das ist vielleicht das unanschaulichste, was ein Novize der Fuzzy-Logik zu schlucken hat. Manche Fuzzy-Theoretiker gehen so weit, daß sie als Fuzzy-Menge nicht eine einzige, willkürlich gewählte Funktion betrachten, sondern die «Schar» aller Funktionen, die einen unscharfen Begriff einigermaßen adäquat beschreiben. Aber für unsere Zwecke genügt es, eine Fuzzy-Menge als eine Funktion zu betrachten, eine Abbildung des Definitionsbereichs in das Intervall [0,1].

Auf recht offensichtliche Art und Weise können wir die klassischen Mengen als Fuzzy-Mengen darstellen. Bei ihnen ist die schiefe Ebene zu einer Treppe deformiert, etwa bei den reellen Zahlen größer als 5:

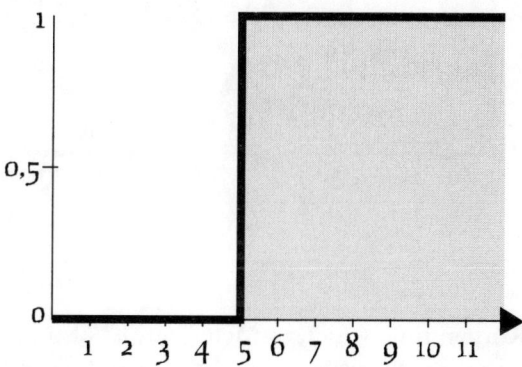

Abb. 5

Eine herkömmliche Menge ist also eine Fuzzy-Menge, bei der als Funktionswerte nur 0 und 1, aber keine Zwischenwerte auftreten.

Wir haben nun eine Fuzzy-Definition für «groß». Was aber soll das Komplement, also «nicht groß», bedeuten? Der Funktionswert für «nicht groß» soll 1 sein für alle Männer, die überhaupt nicht groß sind, 0 für die wirklich großen und dazwischen ebenfalls eine schiefe Ebene bilden. Das erreicht man durch die Definition «nicht groß gleich eins minus groß» oder

$$\overline{G}(x) = 1 - G(x)$$

Den entsprechenden Funktionsgraphen zeigt Abbildung 6 auf der folgenden Seite.

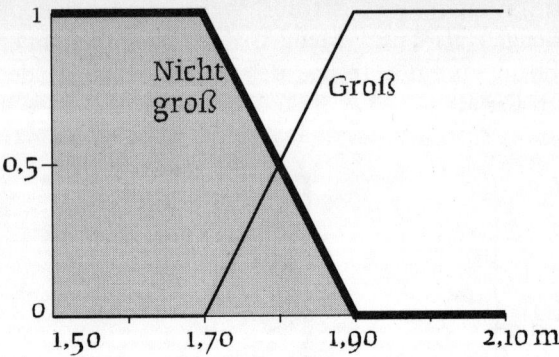

Abb. 6

Wer eine Körpergröße von 1,75 Meter hat, ist also «groß» zum Grad 0,75 und «nicht groß» zum Grad 0,25. Wo «groß» den Wert 0 hat, hat «nicht groß» den Wert 1 und umgekehrt – bei klassischen Mengen gibt es nur diesen Fall, und er entspricht genau der herkömmlichen Komplementbildung.

Um uns die Vereinigung und den Durchschnitt von Fuzzy-Mengen zu veranschaulichen, betrachten wir wieder ein Beispiel: Wir wollen fuzzy-logisch formulieren, was es heißt, «in der Nähe» von Hamburg beziehungsweise Kiel zu wohnen. Das ist ein dehnbarer Begriff – einem Amerikaner wird man wahrscheinlich schon bei einer Entfernung von hundert Kilometern sagen, man wohne «in der Nähe von Hamburg»; ein waschechter Hamburger würde das kaum akzeptieren. Aber es geht ja nur um ein Beispiel, und wir definieren einmal unbekümmert: Bis zu einer Entfernung von zehn Kilometern von der Stadtgrenze ist alles «in der Nähe», über achtzig Kilometer ist nichts mehr «in der Nähe», und dazwischen fällt der Wert von 1 auf 0 ab. Unsere Funktion $N_H(x)$ (für die «Hamburg-Nähe von x») sieht also so aus:

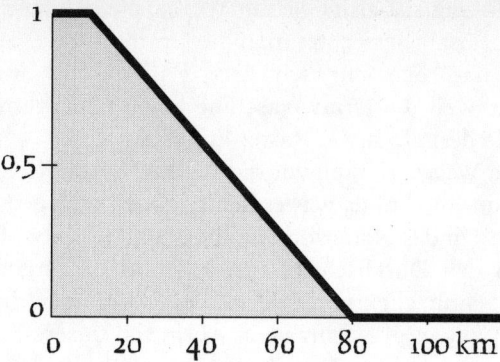

Abb. 7

Um die Sache anschaulicher zu machen, färben wir auf einer Landkarte alle Punkte mit einem entsprechenden «Grauwert» ein: Schwarz für 1, Weiß für 0 und entsprechende Graustufen für die Werte dazwischen.

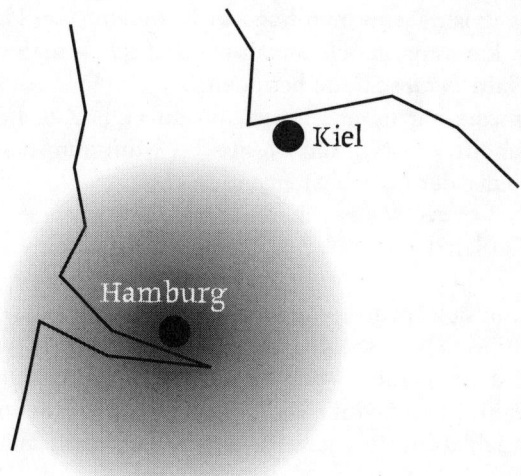

Abb. 8

38 Graustufen

Eine Fuzzy-Menge ist also eine Art Wolke, die sich zum Rand hin in Nichts auflöst! (Betrachtet man die Grafik mit der Lupe, dann sieht man natürlich nur schwarze Punkte und weiße Zwischenräume, weil die Druckmaschine keine Grauwerte drucken kann und sie deshalb in ein Raster auflöst.)

Auf dieselbe Weise erhalten wir die Wolke N_K um Kiel.

Stellen wir uns die Frage, was es heißt, zu den wenigen Leuten zu gehören, die «in der Nähe von Hamburg und Kiel» wohnen – wir wollen also den Durchschnitt von N_H und N_K. Irgendwie soll wieder das Schnitzchen in der Mitte herauskommen, in dem sich die beiden Wolken überschneiden. Aber weil unsere Fuzzy-Mengen Funktionen sind, muß auch der Durchschnitt eine Funktion sein.

Bei zwei klassischen Mengen gehört ein Element zum Durchschnitt, wenn es in beiden Mengen enthalten ist. Etwas Analoges wollen wir für Fuzzy-Mengen formulieren: Man kann nur zum Grad x zum Durchschnitt zweier Mengen gehören, wenn man mindestens zum Grad x in jeder der beiden Mengen ist. Wie nah wir an Hamburg *und* Kiel sind, wird von der Stadt bestimmt, die weiter weg ist. Wenn man hundert Kilometer von Hamburg entfernt ist, kann man noch so nah bei Kiel sein – man wird sich nie in der Nähe *beider* Städte befinden.

Dies münzen wir in eine Definition um: Die Zugehörigkeit zum Durchschnitt von N_H und N_K ist das Minimum der Zugehörigkeit zu jeder der beiden Mengen:

$$(N_H \cap N_K)(x) = \min(N_H(x), N_K(x))$$

Lassen Sie sich nicht von den vielen Klammern und Indizes verwirren: $(N_H \cap N_K)$ ist eine Funktion, die für jeden Wert x definiert ist, und der Operator «min(a,b)», der uns noch öfter begegnen wird, wählt einfach von zwei Zahlen a und b die kleinere aus. Das Gegenstück dazu, das jeweils die größere Zahl auswählt, heißt «max».

Es entsteht ein graues Schnitzchen auf der Landkarte:

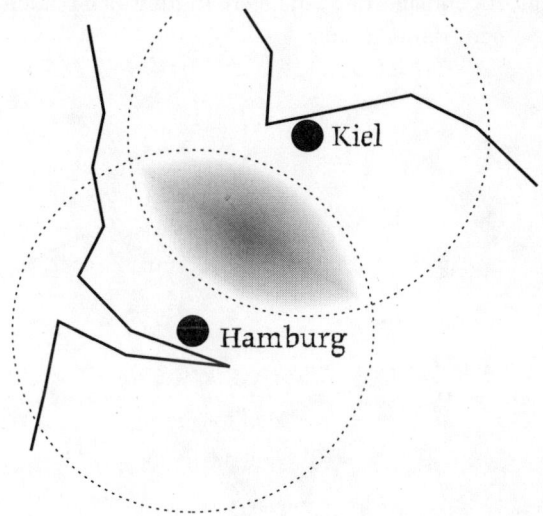

Abb. 9

Was an diesem Durchschnitt von Fuzzy-Mengen auffällt: Die Karte ist nirgendwo pechschwarz – es gibt keinen Punkt, der der Schnittmenge zu 100 Prozent angehört. Das mag auf den ersten Blick seltsam erscheinen, und manche Autoren führen eine «Normierung» ein, um die Zugehörigkeitsfunktion wieder in dem vertrauten Bereich zwischen 0 und 1 verlaufen zu lassen. Nötig ist das allerdings nicht.

Jetzt ist es ziemlich einfach, die Vereinigung der Fuzzy-Mengen N_H und N_K zu definieren: Das Maß dafür, «in der Nähe von Hamburg oder Kiel» zu wohnen, ist das Maximum der beiden Zugehörigkeitsfunktionen:

$$(N_H \cup N_K)(x) = \max(N_H(x), N_K(x))$$

Und das zugehörige Bild, die Vereinigung der beiden «Ballungsräume», sieht dann so aus:

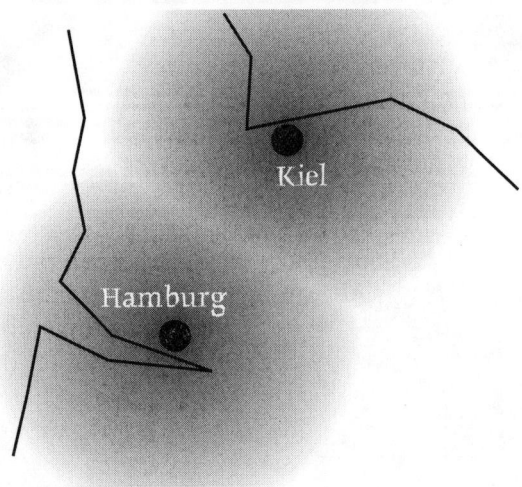

Abb. 10

Für Durchschnitt und Vereinigung gilt wieder, daß sie, auf herkömmliche Mengen angewandt, dasselbe Ergebnis liefern wie die klassischen Operationen. Betrachten wir zwei Mengen: A, die Menge der reellen Zahlen zwischen 3 und 5, und B, die reellen Zahlen zwischen 4 und 7. Wir erhalten dafür die folgenden Funktionen:

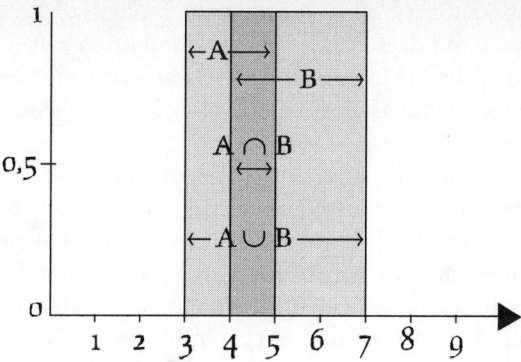

Abb. 11

Welche unserer umgangssprachlichen Begriffe lassen sich als Fuzzy-Mengen definieren? Zunächst einmal all diejenigen, für die sich eine Funktion angeben läßt, die von einem quantifizierbaren Wert abhängt – also Dinge wie Körpergröße, Entfernung, Druck, Temperatur. In technischen Fuzzy-Anwendungen geht es meistens darum, aus einer Anzahl von Eingangsdaten die Größe eines Ausgabewerts zu berechnen. Wenn zum Beispiel der Druck in einem Prozeß Werte zwischen 0 und 20 annehmen kann, dann versucht man diesen Bereich mit Begriffen wie «niedriger Druck», «mittlerer Druck» und «hoher Druck» zu unterteilen, etwa so:

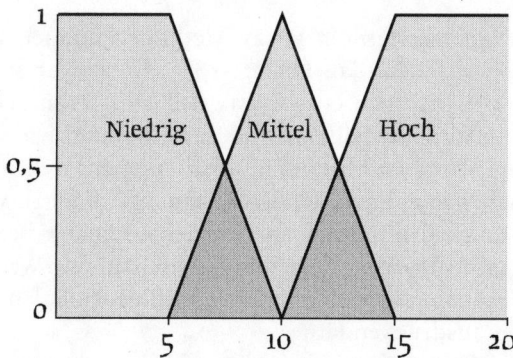

Abb. 12

Statt mit unendlich vielen verschiedenen Meßwerten muß man jetzt nur noch mit drei Fuzzy-Begriffen und ihren Zugehörigkeitsfunktionen rechnen. Je nachdem, wie fein etwa die Steuerung in einem Druckbehälter sein muß, kann es sich auch um fünf oder sieben Begriffe handeln.

Fuzzy-Mengen müssen aber nicht nur von einer Variablen abhängen. Um uns das zu veranschaulichen, rufen wir wieder die sechs Männer auf den Plan, die uns schon einmal als Beispiel gedient haben, und betrachten neben ihrer Größe zusätzlich ihr Gewicht. Außerdem definieren wir gleich noch die Fuzzy-Menge «schwer» und die zugehörige Funktion S(x): Ein Mann, der weniger als 65 Kilo wiegt, soll zum Grad 0 schwer sein, ein Mann über 90 Kilo zum Grad 1, und dazwischen soll die Funktion linear verlaufen (wir können inzwischen auf die entsprechende Grafik verzichten). Dann erhalten wir die folgende Tabelle:

	Größe	G(x)	Gewicht	S(x)
Alfred	1,62 m	0	70 kg	0,4
Bernd	1,72 m	0,1	65 kg	0
Christian	1,79 m	0,45	70 kg	0,4
Dieter	1,81 m	0,55	92 kg	1
Elmar	1,90 m	1	87 kg	0,88
Franz	2,07 m	1	95 kg	1

Mit unseren bisher erlernten Fuzzy-Methoden können wir jetzt zum Beispiel feststellen, daß Dieter groß *und* schwer zum Grad 0,55 ist. Aber da ist noch etwas, was sich mit diesen beiden Begriffen nicht ausdrücken läßt: Alfred und Christian wiegen beide 70 Kilo, aber Alfred ist eher pummelig (oder hat sich im Bodybuilding-Studio die entsprechenden Pakete antrainiert), während wir Christian, auch ohne ihn zu sehen, als schlank bezeichnen würden. Es gibt also eine Beziehung zwischen den Werten von Größe und Gewicht, die sich mit den «eindimensionalen» Fuzzy-Mengen nicht ausdrücken läßt.

Also benötigen wir weitere Variablen. Wir können zum Beispiel eine Fuzzy-Menge für die Eigenschaft «x ist schwer für seine

Größe» definieren. Für unser Beispiel gehen wir der Einfachheit halber von der alten Faustregel aus, nach der das Idealgewicht eines Mannes in Kilogramm gegeben ist durch (Körpergröße in cm – 100). Und wir nennen jemand «schwer für seine Größe» zum Grad 0, wenn er dieses Idealgewicht um mehr als 15 Prozent unterschreitet, und zum Grad 1, wenn er um mehr als 15 Prozent über diesem Wert liegt. In Gleichungen ausgedrückt:

$$SG(x) = 0, \text{ wenn } \frac{\text{Gewicht}(x)}{\bigl(\text{Körpergröße}(x) - 100\bigr)} < 0{,}85$$

$$SG(x) = 1, \text{ wenn } \frac{\text{Gewicht}(x)}{\bigl(\text{Körpergröße}(x) - 100\bigr)} > 1{,}15$$

Die Fuzzy-Funktion SG, die wir damit definieren, hängt also sowohl vom Gewicht als auch von der Größe eines Menschen ab. Um diese Funktion grafisch darzustellen, müssen wir schon in die dritte Dimension gehen: Die möglichen Werte für Größe und Gewicht bilden eine Ebene, und die Fuzzy-Funktion stellt dann eine treppenförmige Fläche dar:

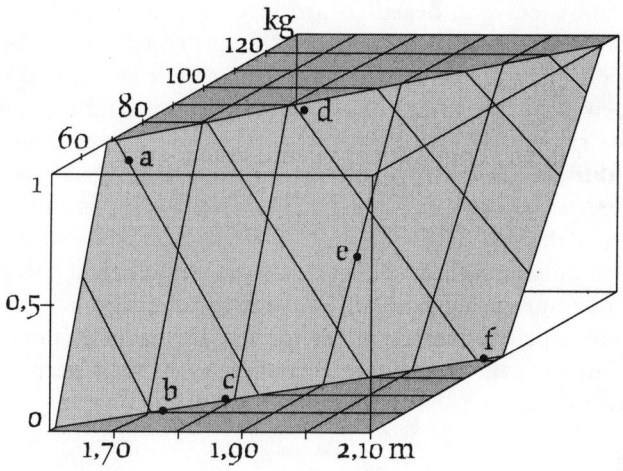

Abb. 13

In der Zeichnung sind auch die entsprechenden Werte für unsere sechs Männer eingetragen. Wir können also die Zugehörigkeit zur Fuzzy-Menge SG ablesen und unsere Tabelle vervollständigen:

	Größe	G(x)	Gewicht	S(x)	SG(x)
Alfred	1,62 m	0	70 kg	0,4	0,86
Bernd	1,72 m	0,1	65 kg	0	0
Christian	1,79 m	0,45	70 kg	0,4	0
Dieter	1,81 m	0,55	92 kg	1	0,9
Elmar	1,90 m	1	87 kg	0,88	0,23
Franz	2,07 m	1	95 kg	1	0

Auch wenn wir hier mit einer ziemlich groben Elle gearbeitet haben, die bestimmt von vielen Ernährungswissenschaftlern angezweifelt wird: Es ist uns gelungen, einen recht komplexen Begriff auf plausible Art zu «fuzzifizieren».

Am Beispiel der Luftballon-Aufblasmaschine haben wir gesehen, daß es sinnvoll ist, das gesamte Spektrum einer physikalischen Größe mit mehreren Begriffen abzudecken, die einander überschneiden (zum Beispiel hoher Druck – mittlerer Druck – niedriger Druck). Das tun wir auch in der Umgangssprache, und zwar oft, indem wir sogenannte «Modifikatoren» auf Begriffe anwenden – Wörtchen wie «sehr», «eher», «ziemlich». Die meisten dieser Modifikatoren lassen sich sehr leicht mathematisch übersetzen. Wie läßt sich zum Beispiel die Fuzzy-Menge der «sehr großen Männer» definieren? Klar ist, daß die Treppe für «sehr groß» erst bei einem höheren Wert anfängt als die für «groß» und daß jeder Mann, der zu einem gewissen Grad «sehr groß» ist, auch mindestens zum gleichen Grad «groß» sein soll. Das erreicht man sehr leicht, indem man die gesamte Funktion G(x) nach rechts verschiebt:

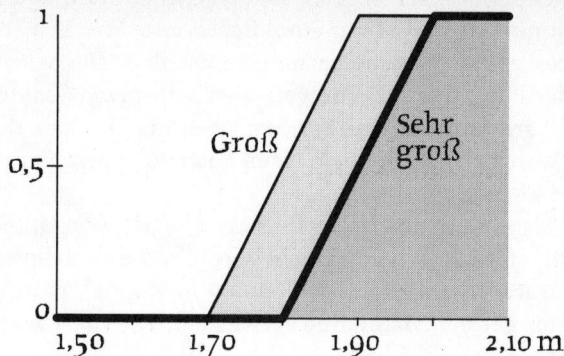

Abb. 14

Als Formel ausgedrückt:

sehrG(x) = G(x − 10 cm)

Die sehr großen Männer sind damit eine *Teilmenge* der großen Männer. In der traditionellen Mengenlehre ist eine Menge B eine Teilmenge der Menge A (geschrieben B ⊂ A), wenn alle Elemente von B auch in A enthalten sind. Was heißt es für eine Fuzzy-Menge, Teilmenge einer anderen Fuzzy-Menge zu sein? Im Fall der sehr großen Männer sehen wir, daß die Funktion sehrG(x) immer «unterhalb» von G(x) verläuft.

Wir können also sagen, daß eine Fuzzy-Menge B die Fuzzy-Untermenge einer Fuzzy-Menge A ist, wenn für alle x gilt: B(x) ist kleiner oder gleich A(x).

So hat auch Lotfi Zadeh die «Untermengigkeit» ursprünglich definiert. Aber vielen Fuzzy-Theoretikern gefiel diese Definition nicht. Der Grund für ihr Unbehagen: Sie ist vollkommen unfuzzy. Eine Menge B ist Teilmenge von A oder aber nicht. «Sehr große Männer sind groß» – der Satz ist zu 100 Prozent wahr, auch wenn wir mit Fuzzy-Begriffen arbeiten. «Katholische Priester sind unverheiratet» stimmt sicherlich auch, weil die beiden Mengen «Katholische Priester» und «unverheiratete Menschen» nicht sehr fuzzy sind. Ein Satz wie «Katholische Priester leben im Zölibat» dagegen wird durch ein einziges Gegenbeispiel falsch.

Und ein Gegenbeispiel ist schon dann gegeben, wenn ein Priester (Zugehörigkeit P(x) = 1) nur ein bißchen unzölibatär lebt (Z(x) = 0,7) – was immer wir uns darunter vorstellen. Das widerspricht jedoch der Fuzzy-Idee: Denn trotz aller schwarzen Schafe wollen wir dem Satz «Katholische Priester leben im Zölibat» doch eine gewisse Wahrheit zuschreiben, wenn auch mit einem Fuzzy-Wahrheitswert kleiner als 1.

Was wir also bräuchten, wäre ein Fuzzy-Begriff von Untermenge, der es zuläßt, daß B zu einem gewissen Grad eine Teilmenge von A ist. Darauf werden wir noch einmal in Kapitel 9 zurückkommen, wenn wir ein Maß dafür entwickeln, wie fuzzy eine Fuzzy-Menge ist.

Mit dem Fuzzy-Instrumentarium, das wir bisher entwickelt haben, können wir schon eine große Portion der schillernden Unschärfe unserer Umgangssprache ausdrücken. Wir haben es geschafft, das Schwarzweißdenken der traditionellen Mengenlehre durch eine Skala von Grauwerten zu ersetzen – und das in mehreren Dimensionen. Läßt sich auf diese Weise die gesamte Sprache fuzzifizieren?

Viele Fuzzy-Euphoriker übersehen, daß es sich hier nur um eine ganz bestimmte Klasse von Begriffen handelt. Verschiedene Menschen mögen verschiedene Begriffe von «groß» haben, aber sie sind sich einig, daß der Begriff von der Quantität «Körpergröße» bestimmt wird. Ebenso ist es bei Begriffen wie «schwer», «hoher Druck» – immer gibt es eine oder mehrere Skalen, an denen sich die Fuzzy-Menge orientiert.

Das ist in der Sprache längst nicht immer so: Zu Recht sind zum Beispiel die Tests umstritten, die den komplexen Begriff «intelligent» auf eine Skala von 0 bis 200 reduzieren wollen. Da hilft auch keine Fuzzy-Logik: Das umgangssprachliche Verständnis von «intelligent» wird auch weiterhin nicht auf eine oder mehrere Skalen abzubilden sein, sondern viel mit Intuition und Kreativität zu tun haben.

Für bestimmte Anwendungen ist es möglich, einen Aspekt eines solchen vielschichtigen, emotionsbehafteten Begriffs in ein Fuzzy-System abzubilden. Zum Beispiel gibt es eine Fuzzy-Regelung, die Aufzüge steuert und dabei unter anderem entscheiden muß, ob der Aufzug an dem Fahrgast im dritten Stock vorbeifährt, weil die Dame im vierten Stock schon seit eineinhalb Minuten wartet und langsam unzufrieden wird. Wie definiert man «unzufrieden»?

Die Fuzzy-Steuerung kann nicht wissen, ob die Frau heute besonders reizbar ist, weil sie sich beim Frühstück mit ihrem Mann gestritten hat – aber das will sie auch nicht wissen. Für die Anwendung «Aufzugsteuerung» reicht es aus, die Zufriedenheit eines Fahrgastes über die Wartezeit zu definieren – je länger, desto unzufriedener. Das japanische System benutzt dabei folgende Funktionen:

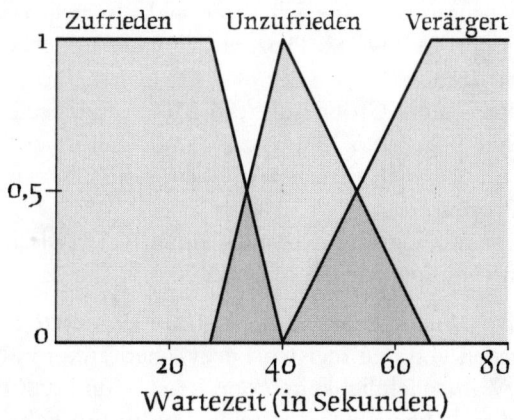

Abb. 15

Hier wurde also ein einziger, für die Anwendung relevanter und leicht zu berechnender Aspekt von «Zufriedenheit» ausgewählt. Eingefleischte Fuzzy-Anhänger halten auch komplexere Begriffe für fuzzifizierbar. Aber ich will mich hier auf solche Fuzzy-Mengen beschränken, für die die Skala klar und unumstritten ist. Was es heißt, «zum Grad 0,75 verliebt» zu sein, soll auch weiterhin ein Rätsel bleiben.

Nach all diesen Fuzzy-Definitionen ist es an der Zeit nachzuprüfen, inwieweit diese Formeln und Diagramme mit den unscharfen Begriffen unserer Sprache und der zugehörigen Logik übereinstimmen. Denn das war ja das ursprüngliche Ziel der Fuzzy-Logik.

Zunächst einmal fällt auf, daß im täglichen Leben niemand Sätze sagt wie «Peter ist groß zum Grad 0,8». Die Leute sagen entweder «Peter ist groß», oder sie sagen es nicht. Wie läßt sich also der Satz «Peter ist groß zum Grad 0,8» in herkömmliches Deutsch übersetzen?

Es gibt verschiedene Interpretationsmöglichkeiten:

- «Ich glaube, daß etwa 80 Prozent aller Leute Peter als groß bezeichnen würden.»
- «Je nach Situation würde ich Peter mal als groß bezeichnen und mal nicht. In etwa 80 Prozent der Fälle jedoch würde ich ihn groß nennen.»
- «Ich schätze Peters Größe auf 1,86 Meter, und weil für mich alle Männer über 1,80 Meter groß sind, gehört er dazu. Ich kann mich aber auch verschätzt haben – die Chance dafür ist etwa 20 Prozent.»
- «Peter ist ziemlich groß – wenn ich einen Wert zwischen 0 und 1 angeben sollte, würde ich 0,8 wählen.»

Der klassischen Fuzzy-Lehre entspricht nur der letzte Satz – alle anderen würden von den meisten Fuzzy-Theoretikern abgelehnt, weil sie mit Wahrscheinlichkeiten operieren –, und daß Fuzziness und Wahrscheinlichkeit nichts miteinander zu tun haben, gehört zu den Grundüberzeugungen der Fuzzy-Logik. Ich werde auf diesen Unterschied in Kapitel 6 zurückkommen.

Aber nicht nur die Bedeutung von Fuzzy-Ausdrücken müssen wir kritisch untersuchen, sondern auch die Frage, wie sie mit unserem alltäglichen Sprachgebrauch übereinstimmen.

Betrachten wir das folgende Diagramm, auf dem neben «groß» noch die Kurven für die Begriffe «klein» und «mittelgroß» eingetragen sind:

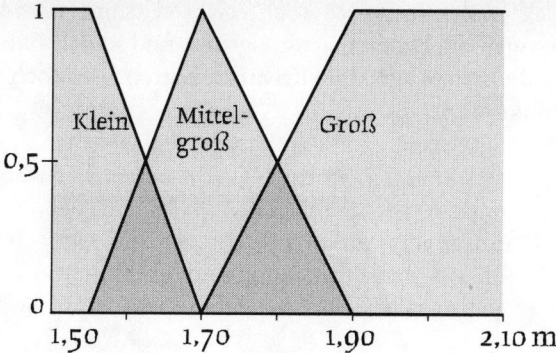

Abb. 16

Wie sieht nach den bisher gelernten Regeln die Kurve für den Ausdruck «mittelgroß oder groß» aus (wie er etwa in dem Satz «Dieser Kleinwagen bietet zuwenig Beinfreiheit für Leute, die mittelgroß oder groß sind» vorkommt)? Nach der Maximum-Regel erhalten wir folgende Kurve:

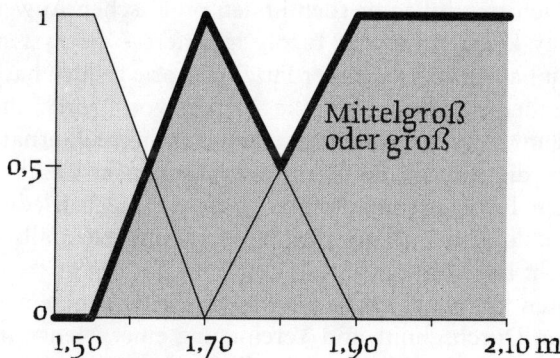

Abb. 17

Der Knick in der Mitte ist doch etwas seltsam: Gerade an der Stelle, wo sich die Begriffe «mittelgroß» und «groß» überschneiden, hat die Kurve ein Tal. Erwartet hätten wir doch eher folgende Funktion:

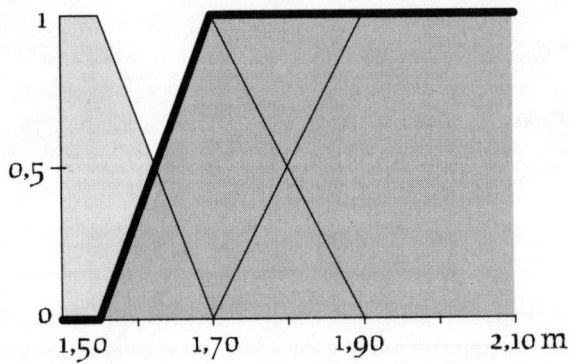

Abb. 18

Solche Deformationen werden in den praktischen Anwendungen der Fuzzy-Logik meist mit Erfolg ignoriert – die Systeme funktionieren halt trotzdem. In der Fuzzy-Theorie freilich hat es einige Auseinandersetzungen über die Regeln von Durchschnitt und Vereinigung gegeben, und es existieren mehrere alternative Definitionen, die je nach Situation oder nach dem Geschmack des jeweiligen Forschers angewandt werden. Eine befriedigende, in sich geschlossene Lösung des Problems ist jedenfalls zur Zeit noch nicht in Sicht.

Betrachten wir noch einen Spezialfall dieses Problems: die Bildung von Durchschnitt und Vereinigung einer Menge mit ihrem Komplement. Sehen wir uns also die Kurven für «groß und nicht groß» beziehungsweise für «groß oder nicht groß» an:

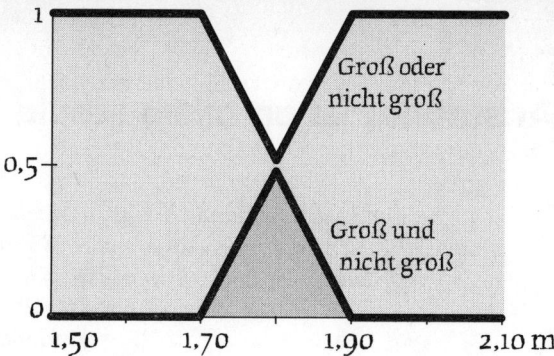

Abb. 19

Nach der klassischen Mengenlehre würden wir erwarten, daß der Durchschnitt von einer Menge mit ihrem Komplement die leere Menge ist – daß also niemand zugleich groß und nicht groß ist. Das Diagramm zeigt, daß für die Männer zwischen 1,70 und 1,90 Meter der Wert für «groß und nicht groß» größer als Null ist. Fuzzy-Logik macht es also möglich, daß jemand zu einem gewissen Grad groß und zu einem gewissen Grad nicht groß ist.

Wie sieht es mit der Vereinigung aus? In der herkömmlichen Mengenlehre ist die Vereinigung einer Menge mit ihrem Komplement der gesamte Definitionsbereich – eben «alles». In der Fuzzy-Mengenlehre ist die Funktion für «groß oder nicht groß» dagegen nicht überall gleich 1 – für Männer zwischen 1,70 und 1,90 ist der Zugehörigkeitswert kleiner.

Das ist intuitiv nicht gerade einleuchtend: «x ist groß oder nicht groß» – diesem Satz würden wir doch ohne Zögern einen Wahrheitswert von 100 Prozent zuschreiben, unabhängig von der Größe von x. Oder?

Vielleicht hat das aber auch nur damit zu tun, daß wir alle in der Tradition der abendländischen Logik gefangen sind. Eine Logik, die auf Aristoteles zurückgeht und deren heiligster Grundsatz der «Satz vom ausgeschlossenen Dritten» ist.

Aristoteles ist an allem schuld

> *Die Logik verändert sich grundsätzlich, wenn wir annehmen, daß es außer Wahrheit und Falschheit noch einen dritten oder mehrere solcher Werte gibt.*
> Jan Lukasiewicz

Alle Menschen sind sterblich.
Sokrates ist ein Mensch.
Also ist Sokrates sterblich.

Logisch! Wenn die beiden ersten Sätze wahr sind, ist auch der dritte Satz wahr. *Modus ponens* nennt sich diese Art Schlußfolgerung. So denken wir, wir können nicht anders. Logik beschäftigt sich mit der Art, wie wir Aussagen miteinander verknüpfen, und damit, ob die neuen Aussagen, die aus der Verknüpfung hervorgehen, wahr sind oder falsch.
Das Pendant zum *modus ponens* ist der *modus tollens*. Mit ihm kann man folgern, daß bestimmte Sätze falsch sind:

Alle Vögel haben zwei Beine.
Fifi hat vier Beine.
Also ist Fifi kein Vogel.

Viele Menschen schließen auch folgendermaßen:

Fische haben Flossen.
Ein Delphin hat Flossen.
Also ist ein Delphin ein Fisch.

So geht es nicht: ein typischer Fehlschluß, der trotzdem alle Tage passiert.
Aber denken wir im täglichen Leben in solchen strikten «Syllogismen» wie dem *modus ponens*? Oder ziehen wir nicht viel öfter Schlüsse der folgenden Art:

> Rote Tomaten sind reif.
> Diese Tomate ist ziemlich rot.
> Also ist sie ziemlich reif.

> Rote Tomaten sind reif.
> Grüne Tomaten sind unreif.
> Diese Tomate ist gelb.
> Also ist sie etwa halbreif.

> Die meisten Italiener sind dunkelhaarig.
> Die meisten dunkelhaarigen Menschen haben braune Augen.
> Also haben die meisten (viele?) Italiener braune Augen.

Sind das «logische» Schlüsse? Die klassische Logik gibt uns darauf keine Antwort. Nach ihren Regeln ist keine dieser drei Folgerungen richtig – sie sind fuzzy, benutzen unscharfe Quantifizierungen wie «die meisten», «ziemlich», «halb». Und trotzdem haben wir ein Gefühl dafür, was ein richtiger (oder auch «ziemlich richtiger») Schluß ist. Die erste Folgerung wird wahrscheinlich kaum jemand bezweifeln, für die zweite muß man schon ein bißchen mehr über Tomaten wissen, und bei der dritten wird nach einigem Nachdenken wahrscheinlich den meisten unwohl. Aber bevor wir uns diesen Fällen unscharfer Logik zuwenden, müssen wir uns erst einmal mit den Grundlagen der klassischen Schwarzweißlogik beschäftigen.
Die Formalisierung der Logik verdanken wir dem Griechen Aristoteles (etwa 384–322 v. Chr.). Er kam als erster auf die Idee, diese «automatischen Denkregeln», die wir alle im Kopf haben, von jeglichem Inhalt zu trennen und sie auf ein abstraktes, formales Skelett zu reduzieren. 2300 Jahre lang galt diese aristotelische Logik als ein Fundament des Denkens, an dem – jedenfalls bei uns im Abendland – nicht gerüttelt werden durfte.

Aristoteles ist an allem schuld

Es ging Aristoteles darum, die Schlußweisen der Mathematik auf eine rationale Basis zu stellen. Griechische Mathematiker wie Euklid und Pythagoras hatten als erste «axiomatische» Gedankengebäude aufgestellt: Ausgehend von ein paar «Grundwahrheiten», den Axiomen, hatten sie sämtliche Sätze der klassischen Geometrie bewiesen – nur unter Verwendung logischer Regeln.

Aristoteles wollte nun diese logischen Regeln selbst systematisieren. Und ihm war klar, daß er dabei ebenfalls auf unbestreitbare Grundwahrheiten zurückgreifen mußte, um endlose Zirkelschlüsse zu vermeiden. Auch die Logik braucht Axiome – Wahrheiten, die niemand bezweifelt.

Die ersten beiden Axiome des Aristoteles waren der Satz vom ausgeschlossenen Widerspruch und der Satz vom ausgeschlossenen Dritten. Die beiden werden oft verwechselt, aber es geht tatsächlich um zwei verschiedene Sachverhalte:

Der Satz vom ausgeschlossenen Widerspruch besagt, daß ein Ding nicht gleichzeitig eine Eigenschaft A und deren Gegenteil nichtA haben kann. Sokrates kann nicht zugleich sterblich und unsterblich sein.

In logischen Symbolen ausgedrückt:

$$\text{nicht}(A \wedge \text{nicht}A)$$

Wir können das auch auf die klassischen Mengen übertragen, die wir im letzten Kapitel kennengelernt haben: Kein Element x kann gleichzeitig zu einer Menge A und ihrem Komplement $\overline{A}$ gehören. Mit anderen Worten: Der Durchschnitt von A und $\overline{A}$ ist die leere Menge.

Der Satz vom ausgeschlossenen Dritten besagt, daß jedes Ding entweder die Eigenschaft A oder die Eigenschaft nichtA hat. Sokrates ist entweder sterblich oder nicht. Auch wenn er heute noch lebendig ist – entweder er stirbt eines Tages oder nicht. In der Sprache der Logik:

$$A \vee \text{nicht}A$$

Die mengentheoretische Interpretation: Eine Menge A und ihr Komplement $\overline{A}$ füllen zusammen den gesamten Definitionsbereich aus. A vereinigt mit $\overline{A}$ ist «alles».
Gemäß der Logik des Aristoteles ist jede Aussage entweder wahr oder falsch. Moderner ausgedrückt: Sie nimmt einen «Wahrheitswert» an, der entweder w oder f ist oder auch o oder 1. Im 19. Jahrhundert gingen die Logiker daran, einen logischen Kalkül zu entwickeln – sie wollten mit logischen Symbolen «rechnen», ähnlich wie wir es schon im Kapitel über Mengen getan haben.
George Boole (1815–1864) entwickelte die Regeln dafür, wie man aus den Wahrheitswerten elementarer Aussagen A, B, C usw. den Wahrheitswert zusammengesetzter Aussagen berechnet. Sogenannte «Wahrheitstafeln» geben an, wie man das macht. Am einfachsten ist die Regel für die Verneinung:

A	nichtA
1	0
0	1

Wenn A den Wahrheitswert 1 hat, hat nichtA den Wahrheitswert 0: Wenn «Es regnet» wahr ist, ist «Es regnet nicht» falsch. Und umgekehrt: Wenn «Es regnet» falsch ist, dann ist «Es regnet nicht» wahr (anders gesagt: Wenn es nicht regnet, dann regnet es nicht). Nieseln kommt in der Booleschen Logik nicht vor.
Interessant wird es, wenn wir zwei Aussagen miteinander verknüpfen können. Die wichtigste Wahrheitstafel ist die für die Verknüpfung «und», die, wie wir wissen, mit dem Symbol «∧» bezeichnet wird:

A	B	A∧B
0	0	0
1	0	0
0	1	0
1	1	1

Die Aussage «Es regnet, und Silvia wird naß» ist nur dann wahr, wenn beide Teilaussagen wahr sind – und nicht, wenn Silvia trotz Regen zu Hause bleibt oder bei schönem Wetter eine Dusche nimmt.

Der Trick mit den Wahrheitstafeln macht das Rechnen mit logischen Variablen sehr einfach – und er nimmt dem ganzen Vorgang mit einem Streich die philosophische Tiefe. Wenn man die beiden Wahrheitstafeln für «und» und «nicht» einmal als Axiome akzeptiert hat, dann läßt sich zum Beispiel der Satz vom ausgeschlossenen Widerspruch, von Aristoteles noch wortreich begründet, per Wahrheitstafel beweisen:

A	nichtA	A∧nichtA	nicht(A∧nichtA)
1	0	0	1
0	1	0	1

Die Tatsache, daß in der letzten Spalte nur Einsen stehen, besagt: Für alle möglichen Fälle (hier sind es nur zwei) ist die Aussage «nicht(A ∧ nichtA)» wahr. Wer die beiden unscheinbaren Tabellen «geschluckt» hat, der muß auch alle anderen «Wahrheiten» der klassischen Logik akzeptieren.

Die Definition für «∧» per Wahrheitstafel ist im Grunde nichts anderes als die Definition des Durchschnitts zweier Mengen. In Abbildung 3 auf Seite 29 f wird der Definitionsbereich X durch die Kringel in vier Regionen aufgeteilt: die beiden halbmondförmigen Gebiete, die jeweils nur zu A oder nur zu B gehören, der linsenförmige Durchschnitt von A und B und das «Drumherum».

Wenn wir A und B als die Gebiete auffassen, in denen die Aussagen «x ∈ A» beziehungsweise «x ∈ B» wahr sind, dann repräsentieren diese vier Regionen gerade die vier Zeilen einer Wahrheitstafel für diese beiden Aussagen:

Wahrheitstafeln und logische Verknüpfungen 57

x ∈ A	x ∈ B
0	0
1	0
0	1
1	1

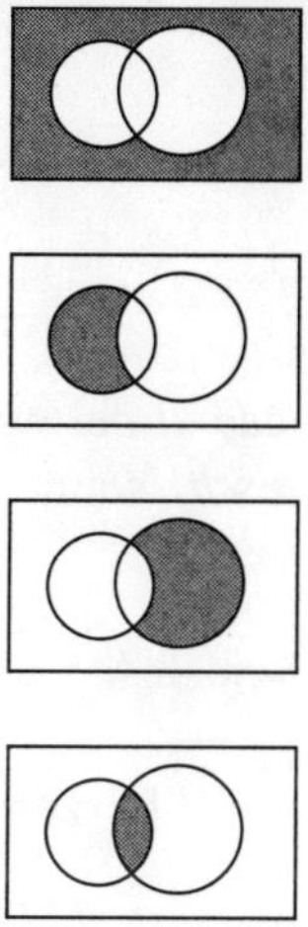

Abb. 20

Wie viele Wahrheitstafeln kann man für A und B aufstellen? Weil in der vorletzten Spalte jeder Zeile entweder 0 oder 1 stehen kann, könnten wir theoretisch sechzehn verschiedene logische Verknüpfungen zwischen A und B definieren (die den sechzehn möglichen Kombinationen aus den vier Gebieten in Abbildung 3 entsprechen: Wenn in der entsprechenden Zeile eine 1 steht, male das Gebiet schwarz an). Dann müßten wir uns allerdings auch sechzehn verschiedene Zeichen merken – ein bißchen kompliziert. Außerdem können wir leicht durch geeignete Kombination von «∧» und «nicht» alle sechzehn Wahrheitstafeln erzeugen. Deshalb haben die Logiker nur noch drei weitere Zeichen erfunden, die logische Verknüpfungen darstellen.

Zum Beispiel «∨», das «nichtausschließende oder». Es ist dann wahr, wenn A oder B oder beide Aussagen wahr sind. Der Satz «Es regnet oder schneit» ist für Logiker auch dann wahr, wenn Schneeregen fällt. Damit entspricht das «oder» der Vereinigung von Mengen, wie wir sie bereits kennengelernt haben. Die Wahrheitstafel:

A	B	A∨B
0	0	0
1	0	1
0	1	1
1	1	1

Wie läßt sich das «oder» aus dem «und» erzeugen? «A ∨ B» ist genau dann *falsch*, wenn A und B falsch sind. Logisch gesprochen:

nicht(A ∨ B) = nichtA ∧ nichtB

Jetzt verneinen wir kurzerhand beide Seiten und erhalten:

A ∨ B = nicht(nichtA ∧ nichtB)

Statt «Es regnet oder schneit» könnte man also auch sagen «Es ist nicht wahr, daß es weder regnet noch schneit». Die erste Fassung spricht sich aber leichter.
Die Wahrheitstafeln sind also ein praktisches Hilfsmittel, das leicht zu handhaben ist. Was machen wir aber mit der folgenden Tafel für die Verknüpfung «wenn A, dann B»?

A	B	A → B
0	0	1
1	0	0
0	1	1
1	1	1

Die Tabelle besagt, daß der Satz «Wenn A, dann B» nur dann falsch ist, wenn A wahr ist und B falsch. Insbesondere ist die Wenn-dann-Beziehung auf jeden Fall wahr, wenn A falsch ist. «Wenn der Mond aus grünem Käse besteht, dann ist die Zahl 5 betrunken» – mit diesem (wahren) Satz hat ein Logik-Professor an der Bonner Universität schon Generationen von Studenten zur

Verzweiflung gebracht. Aus etwas Falschem kann man alles folgern!
Werfen wir noch einmal einen Blick auf unser Mengen-Diagramm. Die Menge der x, für die die Aussage

$x \in A \to x \in B$

richtig ist, sieht folgendermaßen aus:

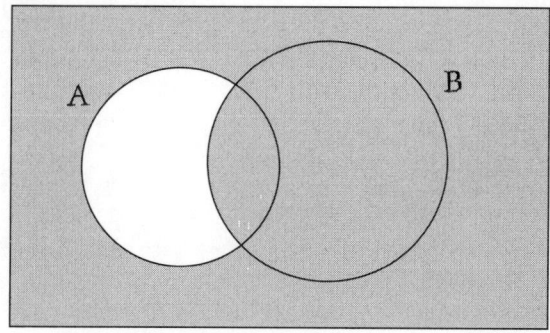

Abb. 21

Die Implikation $x \in A \to x \in B$ ist also für manche x richtig und manche x falsch. Deshalb darf man sie nicht verwechseln mit der *Folgerung*: «Für alle x gilt: Wenn x in A liegt, dann liegt x auch in B». Dieser logische Schluß ist nur zulässig, wenn die Beziehung für *alle* möglichen x gilt. Dann schreibt man auch $x \in A \Rightarrow x \in B$, um Folgerung und Implikation voneinander abzugrenzen. Die Folgerung ist nur dann richtig, wenn in der Zeichnung die weiße Mondsichel ganz in der Menge B verschwindet, also A eine Teilmenge von B ist. Dann können wir Schlußfolgerungen ziehen, wie es schon Aristoteles getan hat:

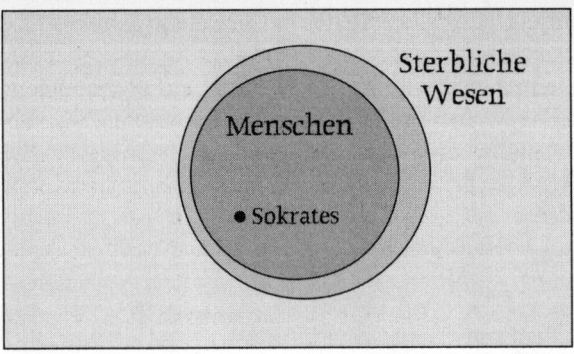

Abb. 22

Menschen ⊂ Sterbliche Wesen
Sokrates ∈ Menschen
---
also: Sokrates ∈ Sterbliche Wesen

Und unser Trugschluß mit den Delphinen wird durch das folgende Bild widerlegt:

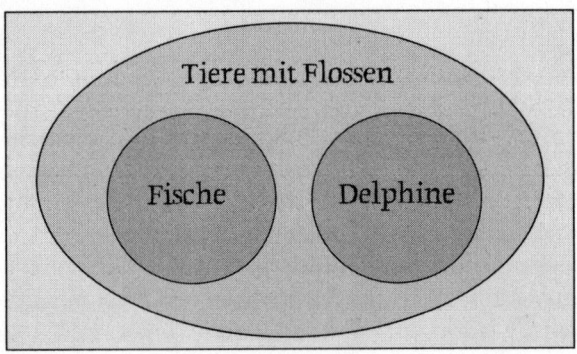

Abb. 23

Die Menge der Delphine ist keine Teilmenge der Fische – die beiden überschneiden sich nicht einmal.
Anhänger der Fuzzy-Logik laden gern ihre gesammelten Aggressionen auf Aristoteles ab. Der alte Grieche wird für das abendländische Schwarzweißdenken und alle Folgen, die sich daraus ergeben, verantwortlich gemacht. Das ist nicht ganz fair: Aristoteles ging es um eine Fundierung mathematischer Aussagen. Und die unterscheiden sich grundsätzlich von Aussagen über die reale Welt um uns herum. Und wenn Fuzzy-Theoretiker Mathematik betreiben, dann verwenden auch sie diese Schwarzweißlogik – sonst wäre die Fuzzy-Theorie keine *exakte* Theorie des Vagen. Mathematik braucht den ausschließenden Gegensatz von wahr und falsch, um ihre präzisen Sätze aufstellen zu können.
Mathematische Sätze beruhen auf Axiomen. Für die Griechen waren das noch Wahrheiten, aus der Sicht der modernen Mathematik sind es relativ willkürliche Annahmen. Axiome der Geometrie sind Sätze wie «Durch zwei Punkte kann man immer eine Gerade zeichnen».
Mathematik besteht darin, aus diesen relativ wenigen Axiomen neue Sätze herzuleiten. Sie fügt den Axiomen nichts hinzu – wenn man so will, formuliert sie die Axiome nur um, holt nur hervor, was schon von Anfang an in ihnen enthalten ist. Das Interessante an der Mathematik ist, wieviel Struktur sie aus so einfachen Grundannahmen ableiten kann. Und eines der Rätsel der Wissenschaft ist, wieso diese Kreationen des menschlichen Geistes, die doch mit der Wirklichkeit zunächst einmal gar nichts zu tun haben, in so vielen Bereichen der Natur angewendet werden können. Aber das ist dann keine mathematische Frage mehr.
Die Beschreibung der Mathematik als eine Art «angewandte Logik» liefert allerdings ein etwas schiefes Bild von der Arbeit eines Mathematikers. Die schlüssige Formulierung von Sätzen steht immer am Ende einer neuen Entdeckung. Mathematiker gehen nämlich nicht so vor, daß sie sich ihren Axiomensatz vornehmen und dann eine Menge aristotelischer Logikregeln darauf loslassen (eine Methode, die man automatisieren und von schnellen Supercomputern viel perfekter erledigen lassen könnte). Sie kommen zu neuen Sätzen und Erkenntnissen, weil sie eine Intuition für die

Strukturen haben, die von den Axiomen definiert werden. Mathematik ist ein kreativer Prozeß. Der Beweis, also die Herleitung aus den Axiomen, muß dann in vielen Fällen mühselig konstruiert werden, und es gibt zahlreiche Sätze, von denen die Mathematiker felsenfest überzeugt sind, für die sie aber bisher noch keinen schlüssigen Beweis gefunden haben.

Die meisten Mathematiker interessieren sich nicht die Bohne für Logik – sie wenden sie genauso unbekümmert an wie wir im täglichen Leben. Und oft gehen sie dabei recht schludrig vor.

Ohne die logischen Axiome des Aristoteles wäre die Mathematik nicht vorstellbar. Der Satz vom ausgeschlossenen Dritten zum Beispiel ist die Grundlage für den «indirekten Beweis» – eine mächtige Allzweckwaffe der Mathematiker, ohne die ihr Berufsleben um einiges beschwerlicher wäre.

Beim indirekten Beweis nimmt der Mathematiker «zum Schein» an, daß die Aussage A, die er eigentlich beweisen will, falsch ist, also gemäß dem Satz vom ausgeschlossenen Dritten nichtA wahr. Nun zieht er aus nichtA so lange logische Schlußfolgerungen, bis er zu einer Aussage kommt, die in offensichtlichem Widerspruch zu einem der Axiome oder einem bereits bewiesenen Satz steht. Dann muß die Annahme nichtA falsch sein, also A richtig. Formal kann man das so schreiben:

$$\text{nichtA} \Rightarrow B_1 \Rightarrow B_2 \Rightarrow \ldots \Rightarrow B_n$$
$$\text{Es gilt aber: nicht}B_n$$
$$\text{Also gilt: nicht(nichtA)} \Leftrightarrow A$$

(Das Zeichen $\Leftrightarrow$ steht dabei für «ist logisch äquivalent mit» – der Pfeil gilt in beiden Richtungen.)

Einer der berühmtesten indirekten Beweise ist der für den Satz, daß es unendlich viele Primzahlen gibt. Also: Nehmen wir an, es gäbe nur endlich viele Primzahlen $p_1, p_2, p_3, \ldots p_n$. Dann ist die Zahl

$$p = (p_1 \times p_2 \times p_3 \times \ldots \times p_n) + 1$$

sicherlich größer als jede Primzahl und folglich selber keine Primzahl. Also muß p durch eine Primzahl p_i teilbar sein. p ist aber gerade so konstruiert, daß es bei Division durch jede der (endlich vielen) Primzahlen den Rest 1 läßt – also ist p entweder selbst eine Primzahl oder gleich 1, und das ist ein Widerspruch.

Indirekte Beweise führen die Mathematiker gern, wenn sie zeigen wollen, daß etwas nicht existiert – eine größte Primzahl oder ein Bruch p/q, dessen Quadrat 2 ergibt. Sie nehmen an, es gäbe dieses Ding, und zeigen dann, daß es im Widerspruch zu ihrem Axiomensystem steht.

So elegant dieses Verfahren ist – es geht von einer wichtigen Grundannahme aus: daß es innerhalb des Axiomensystems unmöglich ist, zu zwei sich widersprechenden Aussagen A und nichtA zu kommen. Diese «Widerspruchsfreiheit» ist aber, wie der Mathematiker Kurt Gödel herausfand, für die meisten Axiomensysteme nicht beweisbar. Einer Schule von Mathematikern, den sogenannten «Intuitionisten», bereitete daher der indirekte Beweis Bauchschmerzen, und sie versuchte, ohne ihn auszukommen.

Aber ist die Angst davor, daß ein sauberes mathematisches Axiomensystem zu widersprüchlichen Ergebnissen führen kann, begründet? Leider ja. Im 20. Jahrhundert erfuhr die Mathematik eine gewaltige Erschütterung, eben weil sie zu Sätzen führte, die zugleich wahr und falsch sind. Es fing ganz harmlos an: mit unterhaltsamen Paradoxa, wie sie schon die alten Griechen kannten.

«Alle Kreter lügen.» Ein chauvinistisches Vorurteil, wenn dieser Satz von einem Festlandgriechen geäußert wird. Was aber, wenn ein Bewohner der Insel Kreta ihn ausspricht? Paradoxa wie dieses bringen unseren Geist in eine Art «logische Schleife»: Interpretieren wir den Satz so, daß er bedeutet: «Alle Kreter sagen stets die Unwahrheit.» Angenommen, der Kreter sagt die Wahrheit. Dann lügen alle Kreter, also auch er. Also stimmt sein Satz nicht. Folglich lügen nicht alle Kreter... aber – wo ist denn da das Paradox? In dieser Form (wie es oft präsentiert wird) ist das Paradox vom kretischen Lügner gar keines. Der Mann sagt halt die Unwahrheit und gehört damit zu dem Teil der Kreter, die lügen.

Um das «Lügnerparadox» zu einem wirklichen Paradox zu machen, muß der Kreter noch ein bißchen mehr erzählen: «Alle Kreter lügen. Ich übrigens auch.» Jetzt kommen wir zu unserem Zirkelschluß: Wenn er die Wahrheit sagt, dann lügt er. Und wenn er lügt, dann lügt er nicht, sagt also die Wahrheit. Und die Bemerkung über seine Landsleute hätte er sich sparen können: Ein Satz wie «Ich lüge» oder «Dieser Satz ist falsch» allein hätte schon genügt.

Dieses Paradox hat die Form

$A \Rightarrow nichtA$
$nichtA \Rightarrow A$

also

$A \Leftrightarrow nichtA$

Bei anderen Paradoxa geht es um zwei Aussagen. Etwa bei der seltsamen Visitenkarte, die einem ein verschrobener Professor auf einem Logiker-Kongreß zusteckt:

> **Der Satz auf der anderen Seite ist wahr.**

Dreht man die Karte herum, dann liest man verdutzt:

> **Der Satz auf der anderen Seite ist falsch.**

Nennen wir den ersten Satz A und den zweiten Satz B. Dann sagt A: B ist wahr, und B sagt: A ist falsch. Es gilt also

$A \Rightarrow B$
$B \Rightarrow nichtA$

Also folgt aus A nichtA, und dasselbe kann man auch für B und nichtB schließen.

All diese Sätze haben gemeinsam, daß sie logische Ebenen durcheinanderbringen: Sätze machen Aussagen über die Wahrheit von Sätzen, meist sogar über sich selbst. Das kann man alles noch als logischen Spaß hinnehmen. Was aber, wenn ein Satz im ehernen Gedankengebäude der Mathematik zu solchen Hirnverknotungen führt?

1902 erfand der britische Mathematiker und Philosoph Bertrand Russell (1872–1970), der zusammen mit Alfred North Whitehead daran arbeitete, die Mathematik vollständig auf logische Grundlagen zurückzuführen, ein harmloses Beispiel: Ein Barbier in einem kleinen Dorf hat vor seinem Laden ein Schild aufgehängt.

> **Ich rasiere genau die Dorfbewohner, die sich selbst nicht rasieren.**

Darf der arme Mann sich selbst den Bart schneiden? Wenn ja, dann darf er nicht. Wenn nein, dann muß er.

Es geht hier also um die Frage, ob der Barbier zu der Menge der Leute gehört, die er rasiert. Und natürlich hat Russell sich eigentlich nicht mit den Problemen von Barbieren beschäftigt, sondern mit denen der Mengentheoretiker.

In deren Sprache sieht das Paradox folgendermaßen aus: Wir bilden die Menge aller Mengen, die sich selbst nicht als Element enthalten:

$M = \{x | x \notin x\}$

Das sieht vielleicht ein bißchen seltsam aus, ist aber letztlich recht einfach. Fast alle Mengen, die wir kennen, gehören zu M: Die Menge der ganzen Zahlen ist selbst keine ganze Zahl, enthält sich selbst also nicht als Element. Ebenso die Menge der Barbiere in Dortmund, weil die Menge kein Barbier ist. Die Menge aller ma-

thematischen Objekte dagegen ist selbst ein mathematisches Objekt, gehört also *nicht* zu M.
Wir gehen nun im Geiste alle Mengen durch und sortieren sie danach, ob sie sich selbst enthalten oder nicht. Natürlich müssen wir irgendwann auch M überprüfen – und geraten dabei in den bekannten Zirkel: Nehmen wir an, M enthält M, also enthält M sich nicht. Umgekehrt, wenn M kein Element von M ist, dann muß M ein Element von M sein. Es gilt also:

$$M \in M \Leftrightarrow M \notin M$$

An dieser Stelle hörte der Spaß der Mathematiker auf. Lustige Geschichten über Kreter und Barbiere sind eine Sache, ein Widerspruch in der Mengenlehre eine andere. Und genau das lag hier vor: Die klassische Mengenlehre von Georg Cantor führte zu zwei einander widersprechenden Aussagen.
Reparatur war angesagt. Russell schlug eine Lösung vor, die auch heute noch von den Mathematikern akzeptiert wird. Grob gesagt einigte man sich darauf, daß solche Mengen wie M fortan verboten seien. «Selbstreferentialität» sollte in Zukunft vermieden werden.*
In den zwanziger Jahren kam der Pole Jan Lukasiewicz (1878–1955) auf eine ganz andere Idee, wie man mit paradoxen und widersprüchlichen Sätzen umgehen könnte. Wieso muß der «Wahrheitswert» einer Aussage immer 0 oder 1 sein? Wieso kann etwas nicht «halbwahr» sein oder «unentscheidbar»? Er fügte zunächst den zusätzlichen Wert $\frac{1}{2}$ ein und dehnte sein neues Konzept später auf eine kontinuierliche Skala von «Wahrheitsgraden» zwischen 0 und 1 aus.
Daß jenseits der Mathematik Aussagen nicht immer zu hundert

---

* Der Widerspruch war damit allerdings nicht aus der Mathematik getilgt. 1931 wies Kurt Gödel (1906–1978) nach, daß die Widerspruchsfreiheit eines genügend komplizierten mathematischen Systems mit logischen Mitteln nicht herzuleiten ist – es enthält immer «unentscheidbare» Sätze, die weder beweisbar noch widerlegbar sind.

Prozent wahr oder falsch sind, wird jedem einleuchten. «80 km/h bei Nässe» befiehlt das Verkehrsschild – und viele Gerichte haben sich schon damit auseinandersetzen müssen, was es heißt, die Straße sei naß. Muß ich bei beginnendem Nieselregen auf die Bremse treten, oder kann ich damit warten, bis das Wasser in hohem Bogen spritzt? Der Satz «Die Straße ist naß» kann verschiedene Wahrheitswerte annehmen.

Für uns, die wir uns schon mit Fuzzy-Mengen beschäftigt haben, ist das natürlich ein alter Hut: Wir können eine Fuzzy-Menge «naß» definieren, und wenn die Straße zum Grad 0,7 naß ist, dann ist der Wahrheitswert des Satzes «Die Straße ist naß» eben 0,7.

Aussagen sind aber nicht immer von der Form «x ∈ M». Es gibt auch Sätze mit sogenannten Quantoren wie etwa «Nachts sind *alle* Katzen grau». In der klassischen Logik sind solche Sätze natürlich nur dann wahr, wenn es keine einzige Ausnahme gibt, also nachts keine nichtgraue Katze. Fuzzy-logisch kann man da schon mal die eine oder andere Ausnahme machen. Dazu später mehr.

Lukasiewicz kannte keine Fuzzy-Mengen, er beschäftigte sich nur mit Aussagen. Aber er mußte für seine Wahrheitswerte etwas ganz ähnliches machen wie das, was wir im letzten Kapitel für Mengen getan haben: Verknüpfungen definieren, die möglichst für die schwarzweißen Fälle 0 und 1 die bewährten Ergebnisse der klassischen Logik liefern.

Welchen Wahrheitswert hat die Aussage nichtA, wenn A den Wert W(A) hat? Die einfachste Definition ist dieselbe wie die für das Komplement einer Menge:

$$W(nichtA) = 1 - W(A)$$

Diese Regel liefert für ein komplett wahres A (Wahrheitswert 1) ein komplett falsches nichtA (Wahrheitswert 0) und umgekehrt. Und für Zwischenwerte eben Zwischenwerte.

Schon mit dieser Definition kann man sich dem Problem der Paradoxa nähern: Nehmen wir den Kreter, der den Satz äußert: «Ich lüge.» Wir können den Satz auch A nennen, und dann besagt A: «A ist falsch» oder auch «nichtA ist richtig» oder kurz «nichtA». Wenn der Wahrheitswert von A eine Zahl p zwischen 0 und 1 ist, dann ist der Wahrheitswert von nichtA ebenfalls p. Es gilt also

W(A) = W(nichtA), also
p = 1−p

Für diese Gleichung gibt es aber genau eine Lösung: $p = \frac{1}{2}$. Der Satz des Kreters ist also zur Hälfte wahr, und das Paradox ist verschwunden.

Probieren wir dasselbe Verfahren noch einmal am Beispiel der seltsamen Visitenkarte: Wir haben zwei Sätze, A und B. A besagt, daß B wahr ist, es ist also W(A) = W(B). B besagt, daß A falsch ist, also ist W(B) = W(nichtA). Wenn wir die Wahrheitswerte von A und B mit p und q bezeichnen, dann gilt

p = q
q = 1−p

Auch hier gibt es nur eine Lösung: $p = q = \frac{1}{2}$. Beide Sätze sind also zur Hälfte wahr.

Und schließlich läßt sich sogar das Paradox vom Barbier auflösen, also von der Menge aller Mengen, die sich selbst nicht als Element enthalten: nämlich dann, wenn der Satz «M ∈ M» zur Hälfte wahr ist – also wenn M eine Fuzzy-Menge ist und sich selbst zum Grad 0,5 angehört! Und was bedeutet es, wenn der Barbier sich selbst zum Grad 0,5 rasiert? Wahrscheinlich läuft er mit einem wohlgepflegten Dreitagebart herum.

Die Verknüpfungen «und» und «oder» der klassischen Logik zu fuzzifizieren fällt uns nicht weiter schwer, weil wir dasselbe schon für Mengen getan haben. Wir definieren die Wahrheitswerte einfach so:*

---

* Die Definition von «und» und «oder» als Minimum beziehungsweise Maximum der Wahrheitswerte von A und B ist nicht zwingend. Lukasiewicz selbst definierte andere Regeln:

$$W(A \wedge B) = \min(W(A), W(B))$$
$$W(A \vee B) = \max(W(A), W(B))$$

Und wie gehen wir mit dem vertrackten «wenn A, dann B» um? Es sind viele Abhandlungen darüber geschrieben worden, wie man die logische Implikation auf die Fuzzy-Logik ausdehnt. Die meisten Autoren haben sich dafür entschieden, die Regel der klassischen Logik zu verallgemeinern, die besagt:

$$(A \rightarrow B) \Leftrightarrow (\text{nichtA} \vee B)$$

(Wir erinnern uns: Ein Satz wie «Wenn es regnet, dann wird die Straße naß» ist genau dann falsch, wenn es tatsächlich regnet und die Straße trocken bleibt – und wahr in allen übrigen Fällen, also dann, wenn es nicht regnet oder die Straße naß ist oder beides. Er ist also äquivalent zu der Aussage «Es regnet nicht, oder die Straße wird naß».)

$$W(A \wedge B) = \max(W(A) + W(B) - 1, 0)$$
$$W(A \vee B) = \min(W(A) + W(B), 1)$$

Diese auf den ersten Blick nicht gerade einleuchtende Definition stimmt für Aussagen mit ganzzahligen Wahrheitswerten ebenfalls mit der klassischen Logik überein. Warum Lukasiewicz sich für diese Operatoren entschieden hat, wird vielleicht aus den folgenden Rechnungen klar:

$$W(A \wedge \text{nichtA}) = \max(W(A) + (1 - W(A)) - 1, 0) = \max(0, 0) = 0$$
$$W(A \vee \text{nichtA}) = \min(W(A) + (1 - W(A)), 1) = \min(1, 1) = 1$$

In der Lukasiewicz-Logik gelten also weiterhin die Sätze vom Widerspruch und vom ausgeschlossenen Dritten! Weil es uns aber inzwischen nicht mehr sonderlich schockiert, wenn diese aristotelischen Prinzipien verletzt werden, bleiben wir bei unserer Version – zumal Lukasiewicz sein Versöhnlertum mit einem Preis bezahlt: Es ist

$$W(A \vee A) = \min(W(A) + W(A), 1)$$

und das ist ein Wert, der meistens größer als W(A) ist. «Es regnet, oder es regnet» hat also einen anderen Wahrheitswert als «Es regnet» – und das verstehe, wer will.

Dann erhalten wir für Fuzzy-Aussagen:

$$W(A \to B) = W(\text{nichtA} \vee B) = \max(1 - W(A), B)$$

Was bedeutet das nun wieder? Nehmen wir die Fuzzy-Version des Satzes «Wenn es regnet, wird die Straße naß». Nehmen wir an, es nieselt, regnet also zum Grad 0,5, und die Straße ist feucht, also naß zum Grad 0,6. Dann ist der Wahrheitswert von «Wenn es regnet, ist die Straße naß» das Maximum von 0,5 und 0,6, also 0,6 – der Satz ist ein bißchen mehr als zur Hälfte wahr. Ganz wahr kann er überhaupt nur werden, wenn das Maximum 1 ist, also wenn entweder A komplett falsch ist (es regnet nicht) oder B komplett wahr (die Straße ist pitschnaß).

Das ist nicht gerade einleuchtend. Der (wahre) Satz «Wenn es regnet, ist die Straße naß» wird doch nicht dadurch falscher, daß die Straße bei Nieselregen feucht wird – im Gegenteil, er wird dadurch eher bestätigt. Ähnlich unverständlich wird es bei dem Satz «Wenn Paul sehr groß ist, ist Paul groß» – eine Aussage, die jeder sofort unterschreiben wird, auch für die Fuzzy-Mengen «groß» und «sehr groß» (siehe Seite 44 f). Aber auch hier gilt: Der Satz hat den Wahrheitswert 1 nur für Zwerge und Riesen – die mittelgroßen Menschen müssen sich mit einer Fuzzy-Zahl zufriedengeben.*

Wenn die Fuzzy-Implikation solche logischen Probleme aufwirft, wie können Fuzzy-Logiker dann mit ihr umgehen und trotzdem zu intuitiv einleuchtenden Ergebnissen kommen? Die Antwort ist einfach: Sie benutzen sie nicht. Fast alle fuzzy-logischen Schlüsse, Syllogismen und Folgerungen verwenden die traditionelle zweiwertige Logik. Wie verträgt sich das mit der unscharfen Welt der Grauwerte, die doch die Fuzzy-Logik beschreiben will?

---

* Bei der Implikation entspricht die Lukasiewicz-Logik mehr unserer Intuition:

$$W(A \to B) = W(\text{nichtA} \vee B) = \min(1 - W(A) + W(B), 1)$$

Für «wenn A, dann B» ergibt sich immer dann der Wert 1, wenn $W(B)$ größer als $W(A)$ ist – und das entspricht der Vorstellung von einer Fuzzy-Teilmenge, wie wir sie im letzten Kapitel kennengelernt haben.

Man kann jeden Satz, der einen Fuzzy-Wahrheitswert hat, mit einem einfachen Trick zu einem absolut wahren Satz machen: Nehmen wir an, A hat den Wahrheitswert p, dann ist der Satz «A ist wahr zum Grad p» wahr. Anstatt sich mit Sätzen wie «wenn A, dann B» zu beschäftigen, bei denen A und B Fuzzy-Wahrheitswerte annehmen, formuliert man lieber Aussagen wie «Wenn W(A) mindestens 0,6 ist, dann ist W(B) mindestens 0,7» – und hat einen klaren, zweiwertigen Satz, dessen Wahrheit man untersuchen kann. Statt den Satz «Alle Italiener sind dunkelhaarig» zu untersuchen, der sicherlich nur zum Teil wahr ist, beschäftigt man sich mit dem Satz «Die meisten Italiener sind dunkelhaarig» (dabei erhebt sich natürlich die Frage, was «die meisten» bedeutet: Ist es ein Schwarzweißbegriff – mehr als 50 Prozent – oder ein «Fuzzy-Quantor», der wiederum über eine Fuzzy-Funktion definiert wird?).

Kommen wir noch einmal zurück zu den Fuzzy-Folgerungen, die am Anfang dieses Kapitels standen:

> Rote Tomaten sind reif.
> Diese Tomate ist ziemlich rot.
> Also ist sie ziemlich reif.

> Rote Tomaten sind reif.
> Grüne Tomaten sind unreif.
> Diese Tomate ist gelb.
> Also ist sie etwa halbreif.

Die meisten von uns würden diesen Schlüssen sicherlich zustimmen. Aber sind sie fuzzy-logisch wahr? Lassen sie sich beweisen?

Die Folgerungen sind tatsächlich dann beweisbar, wenn wir eine zusätzliche Annahme machen: daß «Farbe» und «Reifegrad» kontinuierliche, stetige Größen sind. Im ersten Beispiel gibt es also eine Skala von «nicht rot» bis «rot» und eine Skala von «unreif» bis «reif». Dann können wir den Satz «Rote Tomaten sind reif» etwa so interpretieren, daß Tomaten um so reifer sind, je röter sie sind, daß man also eine (sehr fuzzy gemeinte) Kurve zeichnen kann:

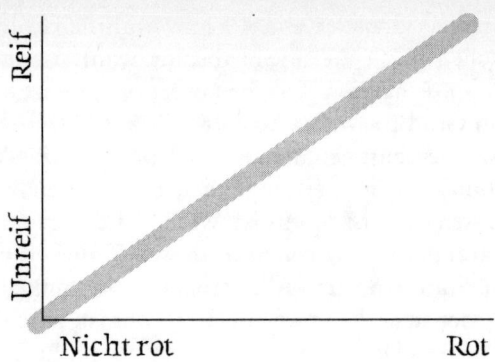

Abb. 24

Dann können wir die Folgerung etwa so interpretieren:

Wenn Rot(t) = p, dann ist Reif(t) $\geq$ p
Es ist Rot(t) = 0,6
Also ist Reif(t) $\geq$ 0,6

Im zweiten Beispiel wird die Farbskala noch ein bißchen erweitert: Wir unterscheiden nicht nur «rot» und «nicht rot», sondern fügen noch die Farben «grün» und «gelb» ein:

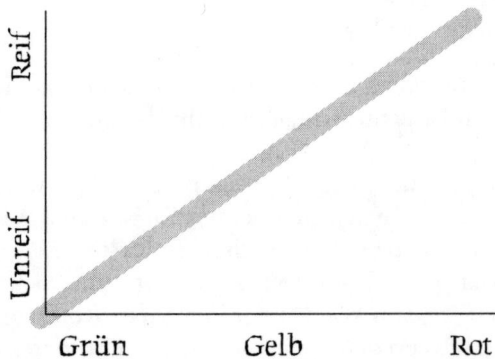

Abb. 25

Wie wichtig die Zusatzannahme einer *kontinuierlichen* Farbskala ist, zeigt folgendes Gegenbeispiel:

> Wenn die Ampel grün ist, kann man mit 50 km/h über die Kreuzung fahren.
> Wenn die Ampel rot ist, muß man anhalten.
> Also gilt: Wenn die Ampel gelb ist, sollte man mit 25 km/h über die Kreuzung fahren.

Das ist wahrscheinlich der riskanteste Schluß, den man ziehen kann. Der Fehler liegt natürlich darin, daß wir unzulässig zwischen Grün und Rot «interpoliert» haben: Auch wenn das gelbe Licht tatsächlich zwischen dem grünen und dem roten montiert ist, so handelt es sich doch um drei vollkommen unabhängige, diskrete Regeln – und nicht um drei Manifestationen einer einzigen, kontinuierlichen Fuzzy-Regel, wie es bei den Tomaten der Fall war.

Betrachten wir zum Schluß dieses Kapitels noch einmal das Italiener-Beispiel:

> Die meisten Italiener sind dunkelhaarig.
> Die meisten dunkelhaarigen Menschen haben braune Augen.
> Also haben die meisten Italiener braune Augen.

Diesen Schluß können wir zunächst einmal ganz klassisch interpretieren: Es geht um klassische Mengen (Italiener, dunkelhaarige und braunäugige Menschen), und «die meisten» möge bedeuten: «mehr als 50 Prozent». Was ist dann mit der Folgerung

> Für die meisten $a \in A$ gilt: $a \in B$.
> Für die meisten $b \in B$ gilt: $b \in C$.
> Also gilt für die meisten $a \in A$: $a \in C$?

Klassisch-logisch ist dieser Schluß falsch. Man kann nicht einmal folgern, daß überhaupt ein A in C liegt, wie Abbildung 26 illustriert.

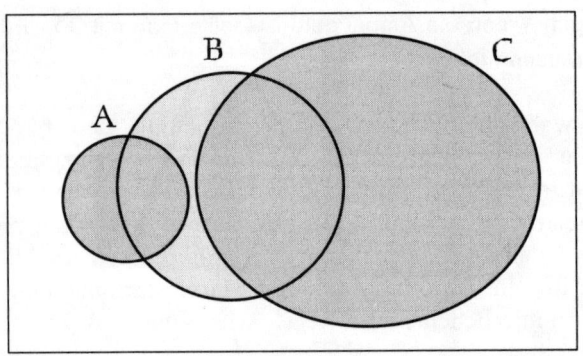

Abb. 26

Ein sprachliches Gegenbeispiel:

> Die meisten Berliner sind Deutsche.
> Die meisten Deutschen leben westlich der Elbe.
> Also leben die meisten Berliner westlich der Elbe.

So weit, so klar. Aber haben wir nicht irgendwie im Gefühl, daß der Schluß «meistens» doch richtig ist? Könnten wir ein «Fuzzy-Theorem» aufstellen, das besagt:

> Wenn für die meisten $a \in A$ gilt: $a \in B$.,
> und für die meisten $b \in B$ gilt: $b \in C$,
> dann gilt *gewöhnlich* auch für die meisten $a \in A$: $a \in C$?

Lotfi Zadeh ist davon überzeugt, daß Menschen so schließen und daß man diese Schlußweisen in Fuzzy-Theoreme gießen kann. «Beweisbar» mit dem klassischen mathematischen Handwerkszeug sind solche Theoreme allerdings nicht mehr. In unserem Beispiel müßte man per Computer «zufällige» Mengen A, B und C erzeugen und in möglichst vielen Fällen untersuchen, ob die Folgerung gültig ist. Die Methoden für solche Untersuchungen müssen allerdings noch entwickelt werden.

Unsicherheit, Wahrscheinlichkeit, Möglichkeit

Wahrscheinlichkeit ist ein Gefühl des Geistes, keine Eigenschaft, die einer Menge von Umständen innewohnt.
Augustus De Morgan (1806–1871)

«...und nach den Nachrichten nun das Wetter: Ein Islandtief bringt kühle und feuchte Meeresluft nach Norddeutschland. Tageshöchsttemperatur um 13 Grad, Regenwahrscheinlichkeit 80 Prozent.»
Seit Jahren frage ich mich bei der Wettervorhersage eines Hamburger Stadtsenders, was diese Angabe bedeutet: Regenwahrscheinlichkeit 80 Prozent. Kann diese Vorhersage überhaupt falsch sein? Wenn die Temperatur statt 13 Grad 25 Grad beträgt, dann müssen sich die Wetterfrösche einigen Spott gefallen lassen. Bei der Regenvorhersage sind sie dagegen immer fein raus: Regnet es, fühlen sie sich bestätigt, regnet es nicht, dann ist eben der unwahrscheinlichere Fall eingetreten. Ihre Vorhersage war trotzdem richtig – oder? Was bedeutet es, die Wahrscheinlichkeit für eine einzige, unwiederholbare Situation wie das Wetter von morgen anzugeben?
Oder was halten Sie von folgendem Satz: «Mit an Sicherheit grenzender Wahrscheinlichkeit hat Erwin K. den Mord an der Rentnerin Isolde B. begangen, meinte der Staatsanwalt»? Heißt das: In 95 Prozent aller Fälle, die mit dem Mord an Isolde B. vergleichbar sind, ist Erwin K. der Mörder?
Die Wahrscheinlichkeitsrechnung stammt aus den Spielsälen des 18. Jahrhunderts. Ihr Erfinder, Blaise Pascal (1623–1663), soll

einer Legende zufolge auch das Roulette aus China nach Europa eingeführt haben. Beim Glücksspiel stehen wir vor der Situation, daß wir Aussagen über zukünftige Ereignisse machen wollen, die unvorhersagbar (also «zufällig») sind und die sich unter weitgehend identischen Bedingungen beliebig oft wiederholen lassen. Wenn wir einen Würfel sehr oft werfen, wird er ziemlich genau in einem Sechstel der Fälle eine 1 zeigen (wenn er nicht gezinkt ist). Über die Frage, was Wahrscheinlichkeit eigentlich ist, streiten sich die Theoretiker noch heute.* Sie vermeiden das Problem, indem sie einfach rechnen: Die Wahrscheinlichkeit eines Ereignisses wird reduziert auf gleich wahrscheinliche «Elementarereignisse», und die Grundformel lautet:

$$\text{Wahrscheinlichkeit} = \frac{\text{Anzahl der günstigen Ereignisse}}{\text{Anzahl aller möglichen Ereignisse}}$$

Die Wahrscheinlichkeit, eine Zahl kleiner als 4 zu würfeln, ist zum Beispiel $3/6 = 1/2$.
Der gesamte Apparat der Wahrscheinlichkeitsrechnung und Statistik hat sich sehr gut bewährt. Er hat bewiesen, daß er funktioniert – das beste Zeichen dafür ist vielleicht die Existenz von Spielcasinos, die den kleinen theoretischen Vorteil von 2,7 Prozent gegenüber dem Spieler beim Roulette in handfesten Reichtum umgesetzt haben. Auf lange Sicht gewinnt die Bank immer. Was für das nächste Spiel wiederum nichts bedeuten muß.
Aber natürlich wird die Wahrscheinlichkeitsrechnung schon längst nicht mehr nur auf das Glücksspiel angewandt. Versicherungen machen ihren Profit, weil die Statistik ihnen sagt, wie alt wir im Schnitt werden und wie viele Krankheiten wir bekommen. Und Wahrscheinlichkeitsrechnung funktioniert auch in Berei-

---

* Dies ist kein Buch über Wahrscheinlichkeitsrechnung, deshalb können diese Fragen hier nur gestreift werden. Eine sehr schöne Darstellung der Wahrscheinlichkeitsrechnung und der Probleme, die wir mit ihr haben, bietet Gero von Randows Buch ‹Das Ziegenproblem – Denken in Wahrscheinlichkeiten› (rororo science 9337).

chen, die mit Würfeln, dem Ziehen von Bällen aus Urnen und ähnlichen Spielereien sehr wenig zu tun haben: etwa in der Quantenphysik, wo der Aufenthaltsort eines Teilchens nur noch eine statistische Größe ist.

Von Wahrscheinlichkeiten reden wir nur im Hinblick auf zukünftige Ereignisse – sie sind der Ausdruck für einen Mangel an Information. Wir glauben ja nicht, daß der Würfel wirklich «zufällig» eine 5 zeigt. Der «Zufall» ist nur Ausdruck unserer Unkenntnis über die genauen physikalischen Größen, die ins Spiel kommen, wenn der Würfel geworfen wird. Mit der Information verschwindet die Wahrscheinlichkeit: Es macht wenig Sinn zu sagen: «Mit einer Wahrscheinlichkeit von $1/6$ habe ich vor fünf Minuten eine 5 gewürfelt», jedenfalls nicht, wenn man die Augenzahl des Wurfes gesehen hat.

Lange Zeit war das Rechnen mit Wahrscheinlichkeiten die einzige mathematisch formulierte Theorie, die sich mit unvollständiger Information befaßte, die Unsicherheit in Zahlenwerten formulieren konnte. Und noch heute glauben viele Statistiker, ihre Methode sei die einzig gültige. «Fuzziness ist verkleidete Wahrscheinlichkeitsrechnung», behauptete der amerikanische Professor Myron Tribus.

Aber ist das wirklich so? Bart Kosko präsentiert folgendes Beispiel, um die Andersartigkeit der Fuzzy-Begriffe zu belegen: Nehmen wir an, ich vermute, im Kühlschrank ist ein Apfel, und schätze die Wahrscheinlichkeit dafür auf $1/2$. Dann verschwindet die Wahrscheinlichkeit in dem Moment, wo ich die Kühlschranktür öffne. Andererseits könnte im Kühlschrank ein halb gegessener Apfel liegen, dessen Zugehörigkeit zur Fuzzy-Menge der Äpfel wir mit dem Wert $1/2$ definieren. Dieser Wert bleibt derselbe, egal ob der Kühlschrank geöffnet wird oder geschlossen bleibt.

Oder nehmen wir das Beispiel eines durstigen Wanderers in der Wüste, der ein Gefäß mit einer nicht näher definierten Flüssigkeit findet. Welche Information würde ihn glücklicher machen: daß die Flüssigkeit mit einer Wahrscheinlichkeit von 99 Prozent trinkbar ist oder daß die Flüssigkeit zum Grad 0,99 zur Menge der trinkbaren Flüssigkeiten gehört? Im ersten Fall besteht eine Chance von immerhin 1 Prozent, daß die Flüssigkeit Cyankali

oder etwas ähnlich Garstiges ist. Im zweiten Fall dagegen hat das Getränk vielleicht einen seltsamen Beigeschmack, aber giftig wird es bei einer «Trinkbarkeit» von 0,99 wohl kaum sein.
Es gibt viele Beispiele dafür, daß Wahrscheinlichkeit unserer Intuition widerspricht. Oft verschätzen wir uns wirklich hinsichtlich der Chancen. Aber in vielen Fällen ist Wahrscheinlichkeit auch nicht unbedingt das richtige Mittel, um eine Situation zu beschreiben. Nehmen wir den Fall eines Glücksspiels, bei dem wir mit einer Wahrscheinlichkeit von $^{499}/_{500}$ einen Betrag von 20 Mark verlieren und mit einer Wahrscheinlichkeit von $^{1}/_{500}$ 10 100 Mark gewinnen können. Nach den Regeln der Statistik muß man, um die «Fairness» des Spiels zu ermitteln, den Erwartungswert bestimmen – für jedes mögliche Ereignis wird die Wahrscheinlichkeit mit dem Gewinn multipliziert und das Ganze aufaddiert. In diesem Fall ist also

$$E = 0{,}998 \times (-20 \text{ Mark}) + 0{,}002 \times 10\,100 \text{ Mark} =$$
$$(-19{,}96 + 20{,}20) \text{ Mark} = 0{,}24 \text{ Mark}$$

Das heißt, «auf lange Sicht» wird man bei diesem Spiel durchschnittlich 24 Pfennige gewinnen. Aber was nützt mir dieses Wissen, wenn ich das Spiel nur einmal spielen will? Dann weiß ich, daß ich mit ziemlicher Sicherheit Geld verlieren werde. Und je nachdem, wieviel mir 20 Mark wert sind, werde ich mich für oder gegen das Spiel entscheiden. Wenn ich verzichte, bewerte ich die *Möglichkeit* des Verlustes höher als die *Wahrscheinlichkeit* des Gewinns.
(Daß sich andererseits die Leute auch von sehr negativen Erwartungswerten nicht abschrecken lassen, ein Risiko einzugehen, beweist das wöchentliche Lotto: In diesem Fall überwiegt die winzige Möglichkeit, einen riesigen Betrag zu gewinnen, subjektiv die überwältigende Wahrscheinlichkeit, einen geringen Betrag zu verlieren.)
Ähnlich liegt der Fall bei der Risikokalkulation von technischen Großprojekten wie Kernkraftwerken, Weltraumraketen oder Staudämmen. Abgesehen davon, daß schon die Berechnung der Wahrscheinlichkeit einer Katastrophe etwas Unseriöses hat, weil

niemand eine entsprechende Versuchsreihe durchführen kann: Was nützt das Wissen, daß eines von tausend Kraftwerken in die Luft fliegt, wenn es nur um den Bau eines einzigen Reaktors geht? Das Ausmaß der möglichen Katastrophe ist für die Überlegung viel wichtiger als die Stelle hinter dem Komma, an der die Wahrscheinlichkeit einen Wert verschieden von Null annimmt.

Mit den Worten «Was möglich ist, mag nicht wahrscheinlich sein, und was unwahrscheinlich ist, mag nicht unmöglich sein» beschreibt Lotfi Zadeh den Unterschied zwischen Wahrscheinlichkeit und Möglichkeit. Umgekehrt kann man aber sagen: Was unmöglich ist, ist auch unwahrscheinlich. Zadeh leistete 1978 wieder einmal Pionierarbeit und entwickelte eine Theorie der Möglichkeit (englisch: *possibility*). Demnach ist die Möglichkeit eines Ereignisses ebenso wie die Wahrscheinlichkeit eine Zahl zwischen 0 und 1 – nur daß die Möglichkeit anderen Gesetzen gehorcht als die Wahrscheinlichkeit. Die Autoren Daniel McNeill und Paul Freiberger bringen in ihrem Buch ‹*Fuzzy Logic*› ein anschauliches Beispiel für diesen Unterschied: Hans ißt Eier zum Frühstück. Wie viele? Wir betrachten die Wahrscheinlichkeiten und die Möglichkeiten für verschiedene Eier-Zahlen. Um die Möglichkeit zu bestimmen, daß Hans eine bestimmte Anzahl von Eiern ißt, müssen wir ihn einem Test unterziehen: Wie viele schafft er? Wir finden heraus, daß Hans gewöhnlich vier Eier ohne weiteres verdrücken kann, vom fünften an hat er schon zu kämpfen. Zur Ermittlung der Wahrscheinlichkeit dagegen müssen wir Hans' Gewohnheiten eine Weile beobachten: Wie oft ißt er morgens 0, 1, 2, 3,... Eier? Diese relativen Häufigkeiten bestimmen die Wahrscheinlichkeit dafür, daß Hans morgens eine bestimmte Zahl von Eiern ißt. Unser Ergebnis könnte dann etwa so aussehen:

Zahl der Eier	0	1	2	3	4	5	6	7	8
Möglichkeit	1	1	1	1	1	0,8	0,6	0,4	0,2
Wahrscheinlichkeit	0	0,1	0,8	0,1	0	0	0	0	0

Was fällt an dieser Tabelle auf? Zunächst einmal, daß die Möglichkeit eines Ereignisses immer größer ist als die Wahrscheinlichkeit. Was wahrscheinlich ist, ist auch mindestens «genauso» möglich, aber was völlig unwahrscheinlich ist (Wahrscheinlichkeit 0) kann trotzdem vollkommen möglich sein (Möglichkeit 1). Die Wahrscheinlichkeiten der einzelnen Eier-Zahlen addieren sich zu 1 – einer der Fälle muß eintreten, und nach den Regeln der Wahrscheinlichkeitsrechnung ist die Wahrscheinlichkeit, daß eines von mehreren «unabhängigen» Ereignissen eintritt, die Summe der Einzelwahrscheinlichkeiten. Bei der Möglichkeit ist das nicht so: Es ist Hans jeweils zum Grad 1 möglich, kein Ei, ein Ei, zwei, drei oder vier Eier zu essen. Erst ab fünf Eiern wird es schwieriger. Die Möglichkeit ist ein Maß dafür, wie «leicht» ein Ereignis eintreten kann.

Das Rechnen mit Möglichkeiten läßt sich genauso formalisieren wie das Rechnen mit Wahrscheinlichkeiten. Statt von «Probabilistik» spricht man dann von «Possibilistik». Allerdings sind die Regeln andere: Für voneinander unabhängige Ereignisse A und B gilt in der Wahrscheinlichkeitsrechnung:

$$\text{Prob}(A \wedge B) = \text{Prob}(A) \times \text{Prob}(B)$$

Die Wahrscheinlichkeit, zwei Sechsen hintereinander zu werfen, ist also $1/6 \times 1/6 = 1/36$. Für die Möglichkeit gilt eine andere Regel, die uns Fuzzy-Kennern vertraut vorkommt:

$$\text{Poss}(A \wedge B) = \min(\text{Poss}(A), \text{Poss}(B))$$

Die Möglichkeit einer Kette von Ereignissen ist also die Möglichkeit des schwächsten Gliedes. Die Regel besagt aber auch, daß man mit «Möglichkeitsverteilungen» wie mit Fuzzy-Mengen rechnet. Ein weiterer Grund dafür, daß den Fuzzy-Anhängern Möglichkeiten viel näher liegen als Wahrscheinlichkeiten. Trotzdem gibt es auch eine Fuzzy-Wahrscheinlichkeitsrechnung. So ist etwa folgende Frage sinnvoll: Hinter einer undurchsichtigen Wand steht einer unserer sechs Männer aus Kapitel 3 und 4. Wie hoch ist die Wahrscheinlichkeit, daß der Unbekannte groß ist?

Um diese Frage zu beantworten, gehen wir davon aus, daß jeder der sechs mit der gleichen Wahrscheinlichkeit von $^1\!/_6$ hinter der Wand steht. In diesem Fall berechnen wir einfach den «durchschnittlichen» Größegrad der sechs Männer:

$$\text{Prob(groß)} = \frac{0 + 0{,}1 + 0{,}45 + 0{,}55 + 1 + 1}{6} = 0{,}52$$

Etwas komplizierter ist das folgende Beispiel (es stammt aus Bernd Demants Buch ‹Fuzzy-Theorie›): Ein Konzern sucht für eine leitende Position einen neuen Mitarbeiter. Der Wunschkandidat soll zwei Bedingungen erfüllen: einerseits jung sein und andererseits alt genug. Empirisch wird folgende Fuzzy-Vorstellung der Personalmanager von «jung» und «alt genug» ermittelt:

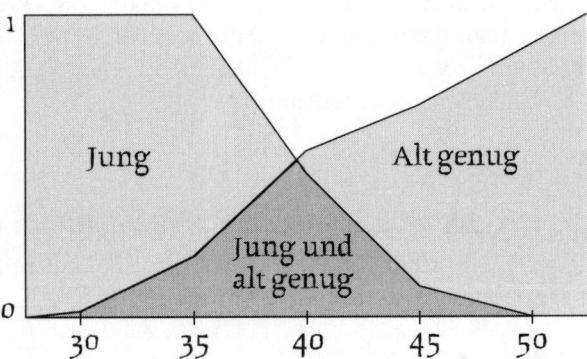

Abb. 27

Auf den ersten Blick können wir sehen, daß es den idealen Kandidaten nicht gibt – niemand ist «jung und alt genug» zum Grad 1, und die Konzernmanager müssen auf jeden Fall Kompromisse machen. Es ist eine große Anzahl von Bewerbern vorhanden, und deren Altersverteilung ist bekannt. Wie groß ist die Wahrscheinlichkeit, daß ein beliebig herausgegriffener Bewerber dem vagen Kriterium «jung und alt genug» entspricht?

Weil die Fuzzy-Funktionen für «jung» und «alt genug» stückweise linear sind, reicht es aus, die Wahrscheinlichkeiten für einzelne «Lebensalter» zu betrachten. Dann ergibt sich folgende Tabelle:

Alter	jung	alt genug	jung und alt genug	Wahrscheinlichkeit
30	1	0,01	0,01	0,05
35	1	0,18	0,18	0,08
40	0,48	0,55	0,48	0,31
45	0,09	0,7	0,09	0,26
50	0,01	0,9	0,01	0,2
55	0	1	0	0,1

Um den «mittleren Zugehörigkeitsgrad» der Bewerber zur Menge «jung und alt genug» zu bestimmen, müssen wir nun für jedes Lebensalter die Zugehörigkeit mit der Wahrscheinlichkeit p multiplizieren und das Ganze aufsummieren:

Prob(jung und alt genug) =
0,01 × 0,05 + 0,18 × 0,08 + 0,48 × 0,31 +
0,09 × 0,26 + 0,01 × 0,2 + 0 × 0,1 = 0,182

Die Bewerber sind also im Schnitt zu etwa einem Fünftel «jung und alt genug». Und wie treffen die Chefs nun ihre Auswahl? Würde die Eigenschaft «jung und alt genug» eine gewöhnliche Menge definieren, so kämen natürlich genau die 18,2 Prozent der Bewerber mit dem besten «Profil» in Frage. Und nichts spricht dagegen, im Fuzzy-Fall genauso zu verfahren und das Fünftel der Bewerber mit den höchsten Zugehörigkeitsgraden zur Menge «jung und alt genug» zum Vorstellungsgespräch zu laden.

Alles unter Kontrolle

> *Professor Zadehs Angst vor*
> *ungerechtfertigter Kritik kann gelindert*
> *werden, wenn man sich daran erinnert, daß*
> *die Alchemisten nicht wegen ihres Glaubens*
> *verfolgt wurden, sondern wegen ihrer*
> *Unfähigkeit, Gold herzustellen.*
> William Kahan

Im Jahr 1973 arbeitete Sedrak Assilian, der damals in London bei Professor Ebrahim Mamdani Elektrotechnik studierte, an einer kleinen Modell-Dampfmaschine. Er wollte einen Kontrollmechanismus entwerfen, der automatisch den Druck des Kessels und die Geschwindigkeit des Kolbens konstant hielt. Das Kontrollsystem sollte «beobachten», wie Assilian die Maschine per Hand regelte, und dann später selber den Prozeß im Griff haben.
Das Problem war: Der Computer lernte zuviel. Er registrierte alles, auch die Fehler, die der Student machte. Entnervt wandte sich Assilian an seinen Professor.
Mamdani hatte gerade einen kurz zuvor erschienenen Artikel von Lotfi Zadeh über Fuzzy-Regeln gelesen. Die beiden entschlossen sich, diese Regeln einmal konkret für die Dampfmaschine zu programmieren. Dazu brauchten sie ein Wochenende, und danach lief das Maschinchen einwandfrei und ruhig. Die beiden hatten den ersten Fuzzy-Controller gebaut.
Fuzzy-Logik wäre eine intellektuelle Spielerei für Eingeweihte geblieben, wenn sie sich auf die formalen Spitzfindigkeiten beschränken würde, mit denen wir uns bisher beschäftigt haben. Es reicht nicht, eine gute Idee zu haben. Damit eine Idee breite Wirkung entfaltet, müssen die Leute etwas mit ihr anfangen können,

muß sie greifbare Resultate hervorbringen. Die Fuzzy-Logik trat ihren Siegeszug an, als die Ingenieure sie entdeckten und auf ihre Steuerungsprobleme anzuwenden begannen – die «Fuzzy-Alchemisten» fingen tatsächlich an, Gold zu machen. Auch wenn die ersten Fuzzy-Controller in Europa gebaut wurden – es waren die großen japanischen Firmen, die Ende der achtziger Jahre dazu übergingen, Fuzzy-Logik in Camcorder, Waschmaschinen, Autofokus-Kameras und Reiskocher zu integrieren. Diese Geräte beweisen, daß Fuzzy-Logik funktioniert und traditionellen Lösungen überlegen ist. Und noch vor den Anwendungen in Konsumprodukten wurde sie für die Steuerung industrieller Prozesse entdeckt – Fuzzy-Zementöfen, Fuzzy-Papiermühlen, eine Fuzzy-Steuerung für die U-Bahn der japanischen Stadt Sendai. «Ein Zementofen ist kein Spielzeug», sagt Lotfi Zadeh gern. Was er damit meint: Eine Methode, die einen Unternehmer überzeugen kann, ist mehr als eine Spielerei. Wenn es um Millionen geht, zählt nur die Effektivität.

Ob Camcorder oder U-Bahn – fast alle Fuzzy-Anwendungen, die heute auf dem Markt sind, funktionieren nach dem gleichen Prinzip: Fuzzy Control. Die konkrete Implementierung mag unterschiedlich sein: Der eine Prozeß wird von einem speziellen Fuzzy-Chip gesteuert, der andere von einem herkömmlichen PC. Und ein deutscher Hausgeräte-Hersteller mußte kürzlich sogar auf einer Konferenz zugeben, daß in seiner Fuzzy-Waschmaschine überhaupt keine Fuzzy-Berechnungen stattfinden – der Prozessor der Maschine schaut alle Steuerwerte lediglich in einer fest programmierten Liste nach, die allerdings vorher mittels Fuzzy-Algorithmen berechnet wurde.

Das letzte Beispiel klingt nicht sehr fuzzy, aber gerade deshalb ist es geeignet, mit einem Vorurteil aufzuräumen: Fuzzy Control ist nicht ungenau, flexibel, unbestimmt. Ein einmal implementiertes System ist vollständig deterministisch: Es produziert zu einem gegebenen Input immer denselben Output. Deshalb kann der Hausgeräte-Hersteller ruhig im voraus alle möglichen Eingangswerte für Wassermenge und «Sauggeschwindigkeit» auf einem leistungsfähigen Computer berechnen und sie dann seiner Maschine als Liste mit auf den Weg geben. Eine Fuzzy-Steuerung ist genauso «dumm» wie jede andere – wenn sie schlecht programmiert ist, produziert sie schlechte Ergebnisse.

Die Vorteile von Fuzzy Control liegen woanders: Ein Fuzzy-System ist kinderleicht zu programmieren, und es läßt sich leicht modifizieren, wenn es nicht zum gewünschten Ergebnis führt. Und der Hauptvorteil: Um einen Prozeß fuzzy zu kontrollieren, müssen wir kein mathematisches Modell von ihm haben, keine Formeln, keine Gleichungen. Das einzige, was bei der Fuzzy-Steuerung zählt, sind Daumenregeln. Gute Daumenregeln.

Steuerung ist die aktive Manipulation der Umwelt auf ein bestimmtes Ziel hin. Ein Tennisspieler will einen Volley-Treffer landen – also muß er Arme und Beine so koordiniert in Bewegung setzen, daß die Fläche seines Schlägers zum richtigen Zeitpunkt genau an derselben Stelle im Raum ist wie der Ball. Die Katze will die Maus fangen – also muß sie ihre Muskeln entsprechend anspannen und genau im richtigen Moment springen, damit die Beute ihr nicht entwischt. Ein Kind will einen Luftballon prall aufblasen – also muß es mit den Händen den Druck des Ballons prüfen und mit den Augen seine Größe abschätzen und rechtzeitig aufhören zu pusten, bevor der Ballon platzt.

Steuerung besteht darin, eingehende Daten (bei Menschen und Tieren: Sinneseindrücke, bei Maschinen: Meßwerte) in Ausgabedaten (Bewegung von Muskeln und Motoren, Entscheidungen) umzuwandeln. Aus einem Input folgt ein Output – ganz einfach. Verschiedene Strategien können zum gewünschten Ergebnis führen, aber oft gibt es eine optimale Lösung: den kürzesten Weg oder schnellsten Mechanismus zum Beispiel. Es gibt also eine Art «Zielfunktion»: zu jedem Input einen optimalen Output.

Menschen haben keine perfekten Sinnesorgane. Unser «Input» sind keine exakten Meßwerte, sondern subjektive Empfindungen wie heiß, kalt, schnell, langsam, groß, klein – ein Fuzzy-Input. Und ebenso ist unser Output notgedrungen fuzzy: Wir können keine Kraft von genau 4,73 Kilopond anwenden oder unsere Hand zu einem numerisch genau durch drei Koordinaten gegebenen Punkt im Raum bewegen. Und selbst wenn wir es könnten – wir verfügen über kein inneres mathematisches Modell unserer Umwelt, aus dem wir solche Werte berechnen könnten. Menschen lösen im täglichen Leben keine Differentialgleichungen. Trotzdem können wir erstaunlich schnell erstaunlich präzise Dinge tun – den Schmetterball des Tennisspielers kann kein Roboter abfangen. Wie Menschen das genau machen, wissen wir noch nicht. Sicher ist aber, daß wir «modellfrei» regeln und daß wir dies mit unpräzisen Daten tun.

Aber fangen wir mit einfacheren Dingen an: mit etwas so Langweiligem wie einer Klimaanlage. Sie soll für eine angenehme Raumtemperatur von 20 Grad sorgen. Ein gewöhnlicher Heizungsthermostat kann nur ein- und ausschalten, aber unser Gerät soll «intelligenter» sein: Es kann variabel kühlen und wärmen, auf einer Skala von −50 (stark kühlen) bis +50 (stark wärmen). Der einzige Input, den die Steuerung hat, ist die Raumtemperatur. Wie sieht die optimale Steuerungskurve aus? Etwa so:

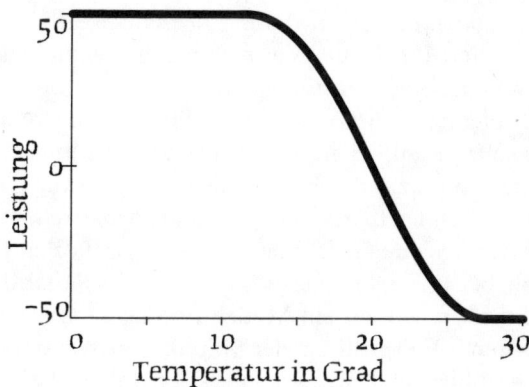

Abb. 28

Diese Kurve suggeriert Exaktheit, Berechenbarkeit, Mathematik. Aber eigentlich soll sie nur ein paar Grundsätze ausdrücken:

- Wenn es kalt ist, soll mit voller Kraft geheizt werden.
- Wenn es heiß ist, soll mit voller Kraft gekühlt werden.
- Bei etwa 20 Grad soll überhaupt nichts passieren.
- Der Übergang vom Kühlen zum Heizen soll nicht abrupt erfol-

gen, sondern «sanft»: Wenn die Temperatur nur geringfügig vom Sollwert abweicht, soll auch nur mäßig korrigiert werden, damit die Steuerung nicht über ihr Ziel «hinausschießt».

Wir hätten statt der s-förmigen Kurve auch eine schräge Gerade wählen können – alle Kurven, die die genannten vier Eigenschaften erfüllen, bringen die Temperatur ins Gleichgewicht! Man könnte noch Untersuchungen anstellen, bei welcher Methode die Solltemperatur am schnellsten erreicht wird oder welche am wenigsten Energie verbraucht. Dazu wären allerdings zusätzliche Informationen über das System nötig.

Eine Kurve kann man auch als eine Ansammlung von Regeln auffassen: Wenn der Input x ist, sorge für einen Output y. Gibt es zu jedem x genau ein y, nennt man das eine Funktion, und man schreibt auch y = f(x). Oft (aber nicht immer) kann man eine Formel angeben, nach der sich f(x) aus x berechnen läßt. Eine solche Formel suggeriert Präzision: Wir wissen ganz genau, was wir unter welchen Umständen zu tun haben.

Es gibt Probleme, da ist eine solche Lösung angebracht: Probleme, die sehr genau bekannt sind, bei denen wenige Störfaktoren auftreten und zu denen Ingenieure die optimale Lösung tatsächlich berechnet haben. Da gibt man dem Steuermechanismus die entsprechende Gleichung, und alles ist (hoffentlich) gut.

Aber schon bei unserem Thermostat wird die Situation schnell unübersichtlich, wenn wir ein Modell für das Gesamtsystem aufstellen wollten: Wie groß ist der Raum, den wir heizen beziehungsweise kühlen wollen? Wie gut ist er isoliert? Wie wird die Wärme verteilt? Für all diese Dinge gibt es vielleicht in irgendwelchen Lehrbüchern Formeln, und wir könnten tatsächlich ein solches Modell erstellen. Aber brauchen wir das überhaupt?

Lotfi Zadehs Maxime, vielleicht das fundamentalste Prinzip der Fuzzy-Logik, lautet: «Nutze die Toleranz für Ungenauigkeit!» Unser Heiz- und Kühlsystem hat eine solche Toleranz. Es kommt mit den unterschiedlichsten Input-Output-Funktionen zu dem gewünschten Ergebnis. Diese Toleranz auszunutzen bedeutet: auf komplizierte Modelle verzichten, die punktuellen Regeln «wenn x, dann y» durch Fuzzy-Regeln ersetzen.

Eine Kurve wie die in Abbildung 28 nennen die Mathematiker auch den «Graphen» einer Funktion. Er besteht aus vielen einzelnen Punkten mit den Koordinaten x und f(x).

Ein Fuzzy-Graph dagegen bildet nicht Zahlen auf Zahlen ab, sondern Fuzzy-Mengen auf Fuzzy-Mengen. Das Resultat ist eine Ansammlung von «Fuzzy-Flecken» – wir überdecken sozusagen die exakte Kurve mit unscharfen Klecksen, die sie grob beschreiben. Mit unserer Thermostat-Kurve haben wir dies schon verbal vollzogen:

- Wenn die Temperatur niedrig ist, soll die Leistung hoch sein.
- Wenn die Temperatur richtig ist, soll die Leistung etwa null sein.
- Wenn die Temperatur hoch ist, soll die Leistung niedrig sein.

Versuchen wir, das Ganze als Fuzzy-Graph zu zeichnen.

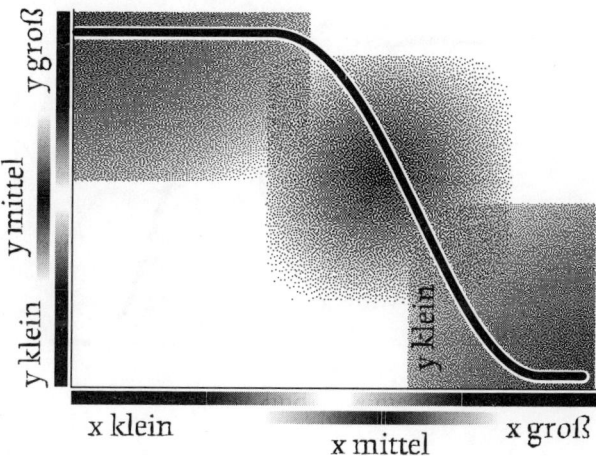

Abb. 29

An den beiden Achsen sind die Fuzzy-Mengen für Temperatur und Leistung aufgetragen. Die verschiedenen Graustufen der Balken sollen deutlich machen, daß die Zugehörigkeit zu den Fuzzy-

Mengen verschiedene Werte zwischen 0 und 1 annimmt. Den drei Regeln entsprechen drei Flecken – so wie wir gewöhnlich Punkte mit den Koordinaten (x,y) festlegen, zeichnen wir hier die drei Fuzzy-Flecken mit den Koordinaten (niedrig, hoch), (richtig, null), (hoch, niedrig) ein.

Unser Fuzzy-Graph beschreibt jetzt die ursprüngliche Kurve. Aber nicht nur die, sondern viele Kurven, die in etwa dasselbe Verhalten zeigen. Wir haben eine quantitativ exakte, überpräzise Aussage durch eine qualitative Beschreibung ersetzt – gerade präzise genug für unsere Zwecke. Dabei haben wir auch Information eingespart: Unendlich viele Paare (x,y) sind durch drei Paare von Fuzzy-Begriffen ersetzt worden. Diese Informationsreduzierung ist ein wichtiger Aspekt, wenn es darum geht, Steuerungen in Computern zu «implementieren». Nicht alle Systeme sind so einfach wie unser Beispiel. Es mag ein System geben, das etwa so gesteuert werden muß:

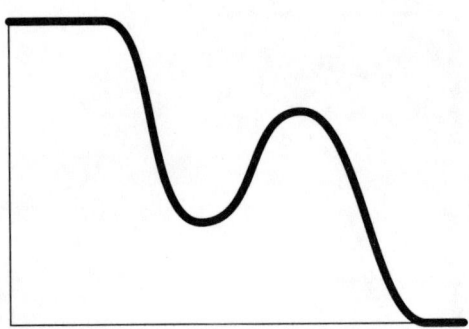

Abb. 30

Wir könnten jetzt wieder versuchen, die Kurve mit drei Fuzzy-Flecken abzudecken. Dann würden wir aber das komplizierte Verhalten in der Mitte nicht richtig erfassen. Versuchen wir es mit mehr Flecken:

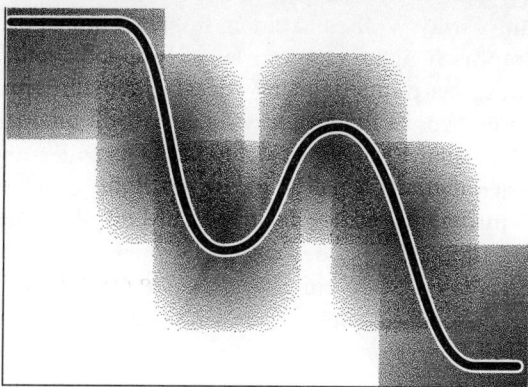

Abb. 31

Jetzt haben wir das System mit sechs Regeln beschrieben:

- Wenn x sehr klein ist, ist y sehr groß.
- Wenn x klein ist, ist y groß.
- Wenn x ein bißchen klein ist, ist y klein.
- Wenn x ein bißchen groß ist, ist y groß.
- Wenn x groß ist, ist y klein.
- Wenn x sehr groß ist, ist y sehr klein.

y nimmt jetzt vier Werte an (sehr groß, groß, klein, sehr klein), und das Spektrum für x wurde noch weiter verfeinert: x kann jetzt die etwas seltsam klingenden Werte «sehr klein, klein, ein bißchen klein, ein bißchen groß, groß, sehr groß» annehmen. Das mag sprachlich nach einer Verrenkung aussehen, macht aber mathematisch Sinn. Es läßt sich sogar beweisen, daß durch diese Verfeinerung des Spektrums jede beliebige Kurve hinreichend genau mit Fuzzy-Flecken überdeckt werden kann.
Bei den Beispielen, die wir bisher betrachtet haben, bestanden Input und Output immer nur aus einer Zahl. In der Wirklichkeit gehen aber meistens mehrere Werte in einen Prozeß ein, und oft ist auch der Output mehrdimensional. Aus den Fuzzy-Flecken

werden dann Fuzzy-Wolken in einem höherdimensionalen Raum, die sich graphisch nicht mehr so einfach darstellen lassen. Das Prinzip bleibt aber dasselbe.

Es ist wichtig, daß sich die Fuzzy-Flecken überschneiden, denn die Fuzzy-Mengen sind ja nicht scharf voneinander abgegrenzt: Ein Wert, der zum Grad 0,6 «groß» ist, kann gleichzeitig zum Grad 0,4 «mittel» sein. Das heißt aber, daß in dem Bereich, wo sich die Flecken überschneiden, zwei oder mehrere Regeln gleichzeitig gelten. Wie kommt ein Fuzzy-Regler damit klar? Schauen wir uns an einem Beispiel an, wie eine typische «Fuzzy-Maschine» konkret arbeitet.

Die Fuzzy-Maschine

> Man überzeugt die Leute nicht, indem man
> sagt: Fuzzy-Logik wird die Art und Weise
> ändern, wie du Dinge tust, und alle
> Probleme verschwinden lassen. Sie ist ein
> weiteres Werkzeug. Ein nützliches Werkzeug,
> aber nicht mehr als ein nützliches Werkzeug.
> Vivek Badami

Unser Beispiel ist ein Verladekran in einem Hafen. Er soll eine Ladung von einem Schiff punktgenau auf einen Eisenbahnwaggon bugsieren. Weil die Liegegebühren im Hafen hoch sind, muß das Ganze flott über die Bühne gehen. Die Laufkatze soll also möglichst schnell vom Schiff zum Waggon fahren. Dabei gerät natürlich die Ladung ins Schwingen, man muß also gleichzeitig mit dem Abbremsen diese Schwingung dämpfen. Auf Fuzzy-Kongressen begegnen Besucher oft solchen Kransteuerungen, an denen sie zunächst einmal per Hand ihr Glück versuchen können. Das führt meist zu wilden Pendelbewegungen der Ladung – ein Beweis dafür, daß dieses Steuerungsproblem (im Gegensatz zum Thermostat-Beispiel) keineswegs trivial ist.

Das in Abbildung 32 gezeigte Beispiel stammt von der Fuzzy-Lernsoftware «Sucosoft» der Firma Klöckner-Moeller. Man kann auf dem Computer-Bildschirm den Kran beobachten, ihn von Hand steuern und anschließend eine Fuzzy-Steuerung entwerfen. Die Software «weiß» also, wie der Kran schwingt und wie er auf Änderungen der Fahrleistung reagiert. Das scheint der Voraussetzung zu widersprechen, daß Fuzzy-Systeme über kein Modell der Wirklichkeit verfügen. Aber die Fuzzy-Steuerung weiß nichts über das Kran-Modell, das in einem anderen Teil des

94 Die Fuzzy-Maschine

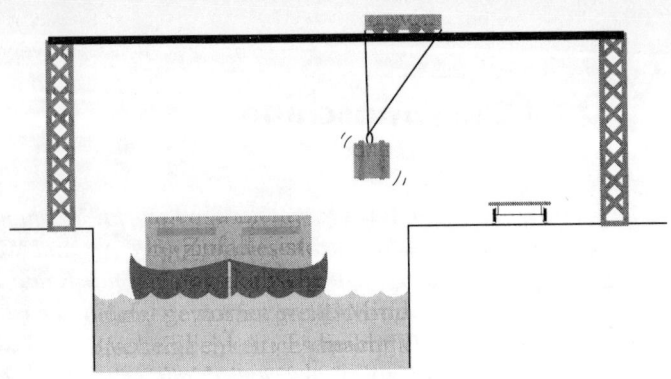

Abb. 32

Programms gespeichert ist – Computer können so schizophren sein. Wir regeln also mit der Fuzzy-Steuerung einen Prozeß, der nur im Computer existiert. Das enthebt uns der Notwendigkeit, einen tatsächlichen Kran im Wohnzimmer aufzubauen, und trotzdem kann die Fuzzy-Steuerung ihre Stärken unter Beweis stellen. Zuerst müssen wir uns überlegen, was wir überhaupt fuzzy steuern wollen. Wir interessieren uns nicht für die Auf- und Abwärtsbewegungen des Krans – die Last schwebt schon in der Luft über dem Schiff, und unsere Aufgabe ist erfüllt, sobald sie ruhig über dem Waggon schwebt. Für diese Fahrt hat der Kran nur einen Regelknopf, der die Leistung des Motors und damit die Geschwindigkeit bestimmt. Die Skala reicht von −30 kW bis +30 kW, bei 0 kW wird der Kran nicht angetrieben. Dieser eine Knopf ist unser Output.

Was sind die Inputs für den Prozeß? Zum einen natürlich die Entfernung vom Waggon: Am Anfang ist der Kran dreißig Meter entfernt, die ideale Position ist natürlich 0, und wenn er übers Ziel hinausschießt, nimmt die Entfernung negative Werte an.

Wir wollen aber nicht nur die Laufkatze über dem Waggon in Stellung bringen, sondern auch die Ladung. Dazu müssen wir wissen, wie weit sie «ausschlägt». Diesen Wert liefert uns ein Gerät, das ständig den Winkel mißt, mit dem die Ladung von der

Senkrechten abweicht – ein Wert, der positiv sein soll, wenn die Ladung nach rechts, und negativ, wenn sie nach links schwenkt. Unser Fuzzy-Prozeß soll nun ständig nach folgendem Schema aus den beiden Eingabewerten einen Ausgabewert ermitteln:

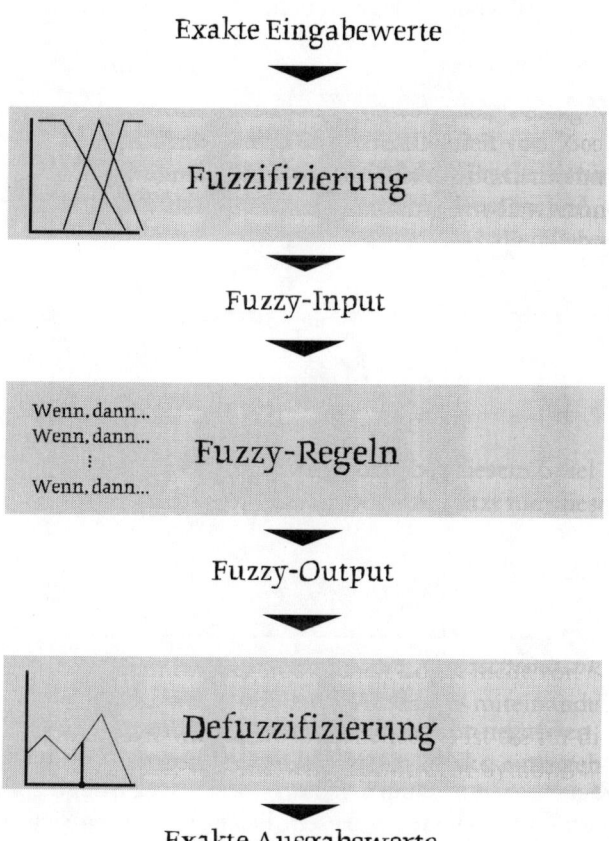

Abb. 33

Es klingt fast paradox: Wir wandeln einen exakten Input, den wir «künstlich» zu einem Fuzzy-Wert machen, in einen Fuzzy-Output um, der dann wiederum zu einer exakten Zahl gemacht werden muß.

Aber gehen wir der Reihe nach vor: Um «fuzzifizieren» zu können, müssen wir erst einmal Fuzzy-Mengen für die drei Größen Distanz, Auslenkung und Motorleistung definieren. Wir versuchen es mit folgenden Diagrammen:

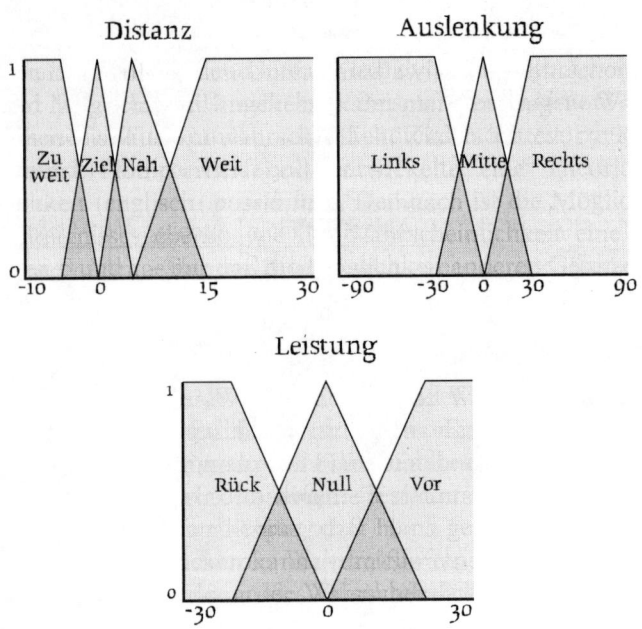

Abb. 34

Dies bedeutet zum Beispiel, daß der Kran, wenn er acht Meter vom Ziel entfernt ist, zum Grad 0,3 «weit» weg ist und zum Grad 0,7 «nah» am Ziel ist (in diesem Beispiel addieren sich die Zugehörigkeitswerte immer zu 1 – eine gebräuchliche, aber nicht die einzige Methode, Fuzzy-Mengen zu definieren). Somit geht also in eine Regel, die mit «Wenn der Kran weit vom Ziel entfernt ist...» beginnt, der Wahrheitswert 0,3 ein, und in eine Regel «Wenn der Kran nah am Ziel ist...», der Wert 0,7. Ein Eingabewert kann also mehrere Regeln «auslösen»!

Aber wie kommen wir zu den Regeln? Wir könnten einen erfahrenen Kranführer fragen, wie er es macht. Da gerade keiner verfügbar ist, versuchen wir, uns mit gesundem Menschenverstand dem Problem zu nähern:
Die einfachste Regel ist wohl die, daß der Kran, wenn er das Ziel erreicht hat und die Ladung nicht mehr pendelt, stehenbleiben soll. Also formulieren wir

---

Regel 1:
Wenn Distanz = Ziel und Auslenkung = Mitte,
dann Leistung = null

Weil wir die teuren Liegegebühren sparen wollen, soll die Laufkatze kräftig vorwärts fahren, wenn sie weit vom Ziel entfernt ist – egal, ob die Last pendelt oder nicht. Daraus ergeben sich drei neue Regeln:

Regel 2:
Wenn Distanz = weit und Auslenkung = rechts,
dann Leistung = vor

Regel 3:
Wenn Distanz = weit und Auslenkung = Mitte,
dann Leistung = vor

Regel 4:
Wenn Distanz = weit und Auslenkung = links,
dann Leistung = vor

Als nächstes überlegen wir, daß wir den Kran auf jeden Fall zurücksteuern müssen, wenn er übers Ziel hinausfährt, damit uns nicht Kran oder Ladung gegen die nächste Mauer rammen. Und anstatt die Regeln weiter durchzunumerieren und untereinander zu schreiben, tragen wir sie in ein quadratisches Raster ein. Von den zwölf möglichen Prämissen «Wenn Distanz = x und Auslenkung = y...» haben wir jetzt schon sieben abgedeckt:

98 Die Fuzzy-Maschine

		Distanz			
		Weit	Nah	Ziel	Zu weit
Auslenkung	Links	Vor			Rück
	Mitte	Vor		Null	Rück
	Rechts	Vor			Rück

Abb. 35

Jetzt sind nur noch fünf Felder im «Nah»- und im «Ziel»-Bereich frei. Wir müssen sie nicht ausfüllen – Fuzzy-Controller haben in den seltensten Fällen eine Regel für jeden möglichen Input –, aber diese Bereiche sind natürlich die interessantesten, weil hier die Pendelbewegung der Last ausgeglichen werden muß. Überlegen wir also weiter.

Im Nahbereich müssen wir uns an das Ziel «herantasten». Wenn die Ladung nach rechts ausgelenkt ist, können wir ruhig weiterfahren, weil dann die Fahrbewegung der Pendelbewegung entgegenwirkt. Auch wenn die Ladung senkrecht nach unten hängt, geben wir Gas. Falls die Last aber nach links schwingt, bremsen wir ab – sonst würde die Fahrt den Ausschlag der Ladung noch verstärken, und wir hätten Schwierigkeiten, den Kran am Ziel zur Ruhe zu bringen.

Im Zielbereich gilt unser Hauptaugenmerk der Pendelbewegung: Wenn die Ladung nach rechts pendelt, fahren wir zurück, und wenn sie nach links pendelt, fahren wir vor. Damit ist unser Regeldiagramm vorerst komplett:

	Distanz			
	Weit	Nah	Ziel	Zu weit
Auslenkung Links	Vor	Null	Rück	Rück
Auslenkung Mitte	Vor	Vor	Null	Rück
Auslenkung Rechts	Vor	Vor	Vor	Rück

Abb. 36

Für jede mögliche Kombination von Distanz und Auslenkung haben wir genau einen Fuzzy-Wert für die Leistung definiert – mit der Hilfe unseres gesunden Menschenverstandes und ohne Kenntnis der tatsächlichen Gegebenheiten des Krans. Es wäre fast ein Wunder, wenn das Kransystem auf diese Weise tatsächlich gesteuert werden könnte. Aber so weit sind wir noch nicht – wir müssen uns erst einmal überlegen, wie der Fuzzy-Algorithmus mit konkreten Zahlen als Eingabewerten umgeht.

Wenden wir ihn also auf ein Beispiel an. Nehmen wir an, der Kran ist schon ziemlich nah am Ziel, nämlich nur noch drei Meter entfernt, und er schwingt bedenklich nach links, mit einer Auslenkung von 24 Grad. Ein kritischer Fall also, in dem das Fuzzy-System etwas unternehmen sollte.

Zuerst fuzzifizieren wir die Eingangsdaten. Wir schauen in unseren Fuzzy-Mengen nach und kommen zu dem in Abbildung 37 gezeigten Ergebnis.

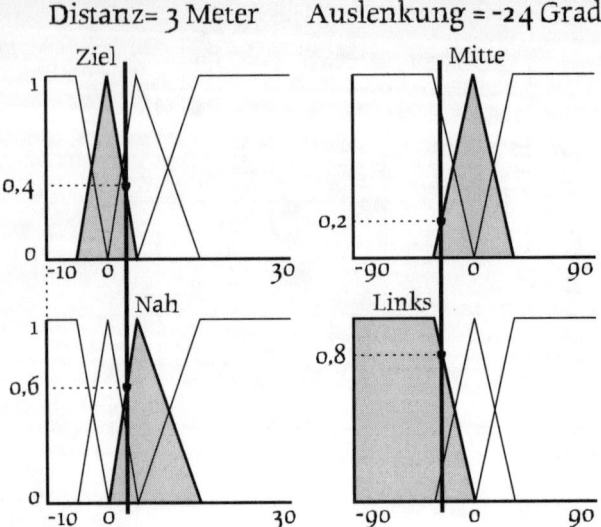

Abb. 37

Es ist also jeder der beiden Eingangswerte in zwei Fuzzy-Mengen enthalten: Der Wert 3 Meter ist «nah» zum Grad 0,6 und «Ziel» zum Grad 0,4, und der Winkel 24 Grad ist «links» zum Grad 0,8 und «Mitte» zum Grad 0,2.

Welche Regel wenden wir nun an? Die einfache Antwort: alle. Fuzzy-Systeme arbeiten parallel, das heißt jeder Input wird gleichzeitig durch alle Regeln geschickt (wenn ein Fuzzy-System auf einem herkömmlichen Computer simuliert wird, werden die Regeln natürlich doch eine nach der anderen abgearbeitet, aber es ist *ein* logischer Schritt). Natürlich führen die Regeln bei Input 0 zu keinem relevanten Ergebnis, aber alle Regeln, die auch nur zu einem winzigen Grad erfüllt sind, tragen zum Ergebnis bei. Man kann die Regeln eines Fuzzy-Systems mit den Abgeordneten eines Parlaments vergleichen: Jede Regel vertritt eine «Meinung», und diese Meinungen können sich durchaus widersprechen. Allerdings werden bei der Entscheidung die Stimmen entsprechend ihrer Zugehörigkeit zu den Fuzzy-Mengen gewichtet.

In unserem Beispiel sind es vier Regeln, die über einen Input verschieden von null verfügen. Nehmen wir als Beispiel die Regel für «nah» und «links»:

> **Wenn Distanz = nah und Auslenkung = links,
> dann Leistung = null**

Wir ermitteln den Fuzzy-Wahrheitswert der «und»-Verknüpfung, indem wir das Minimum bilden:

W(Distanz = nah $\wedge$ Auslenkung = links) =
min(W(Distanz = nah), W(Auslenkung = links)) =
min(0,6, 0,8) = 0,6

Also geben wir der Fuzzy-Menge «Leistung = null» den Wert 0,6. Das machen wir mit allen vier Regeln:

		Distanz			
		Weit	Nah	Ziel	Zu weit
Auslenkung	Links	Vor	Null 0,6	Rück 0,4	Rück
	Mitte	Vor	Vor 0,2	Null 0,2	Rück
	Rechts	Vor	Vor	Vor	Rück

Abb. 38

102 Die Fuzzy-Maschine

Unser Fuzzy-Output sind also vier Fuzzy-Mengen, die jeweils mit einem Faktor «skaliert» sind. Wir interpretieren diesen Faktor so, daß wir die Mengen entsprechend zusammenquetschen*:

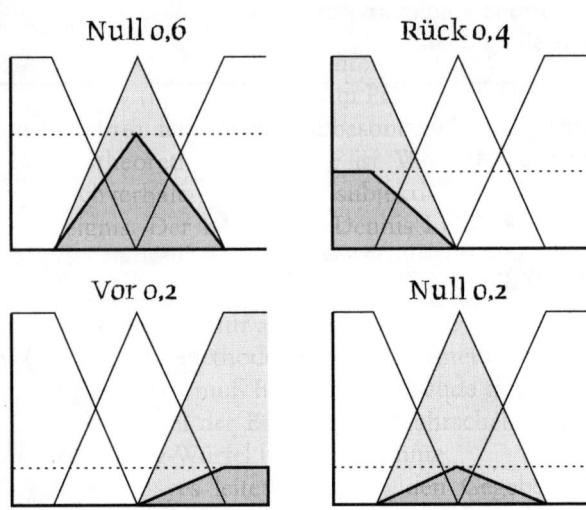

Abb. 39

Das Fuzzy-System gibt uns also vier Antworten, die jeweils aus einer Fuzzy-Menge bestehen und einander auch noch widersprechen. Wie um alles in der Welt kommt man von dieser orakelhaften Auskunft zu einem harten Zahlenwert, mit dem der Kranmotor etwas anfangen kann?

Es gibt verschiedene Methoden der «Defuzzifizierung». Die heute gebräuchlichste stapelt einfach die vier Outputs übereinander, so daß sich eine zusammengesetzte Fuzzy-Funktion ergibt. Und um

---

* Eine gebräuchliche Alternative dazu ist es, den Graphen der Fuzzy-Funktion einfach in der entsprechenden Höhe «abzuschneiden».

von dieser Fuzzy-Menge auf einen exakten Ausgabewert zu kommen, bildet man eine Art «Mittelwert»: Man stellt sich die Fläche unter der Kurve als eine Laubsägearbeit vor und bestimmt dann den Schwerpunkt, den das Stück Holz haben würde. Diesem Punkt entspricht ein Wert auf der x-Achse, und das ist endlich der Output unseres Fuzzy-Algorithmus – in unserem Beispiel ein Wert von minus 2,6 kW:

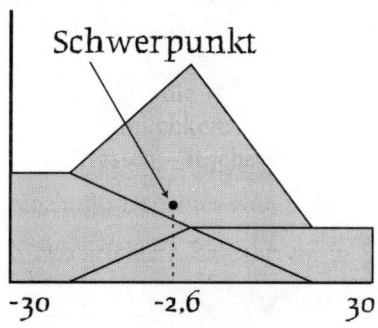

Abb. 40

Diese Defuzzifizierung ist ein Kompromiß zwischen den Ergebnissen der einzelnen Fuzzy-Regeln. Sie reduziert die vielfältigen, teilweise widersprüchlichen «Voten» der einzelnen Regeln auf ein «hartes» Ergebnis – die Information über die Vielfalt geht dabei verloren. Das hat die «Fuzzy-Demokratie» mit dem wirklichen Leben gemeinsam: Irgendwann muß Schluß sein mit dem Debattieren, es muß eine Entscheidung getroffen werden, und die brillanten rhetorischen Beiträge der einzelnen Redner sind nachher nur noch von historischem Interesse.

Unsere Methode der Defuzzifizierung (sie heißt in der Fuzzy-Fachsprache «Center-of-Gravity», zu deutsch «Massenschwerpunktsmethode») versucht, es allen Beteiligten recht zu machen, vergleichbar mit dem Ringen zwischen Gewerkschaften und Arbeitgebern um einen Tarifkompromiß: Die Maximalforderungen der Kontrahenten müssen sich irgendwo in der «Mitte» treffen. Aber nicht alle Entscheidungen vertragen einen solchen Kompromiß – es gibt auch Grundsatzfragen, die nur ein «entweder-oder» zulassen, und da gibt es keinen «Mittelweg», oder der Kompromiß wäre die schlechteste Lösung. So etwas kann auch bei Fuzzy-Systemen vorkommen. Nehmen wir an, wir steuern ein Auto mit einem Fuzzy-Regler. Unsere Steuer-Alternativen sind «rechts», «links» und «geradeaus». Wir wollen die Stadt Ahausen passieren und kommen an eine Weggabelung mit drei Abzweigungen:

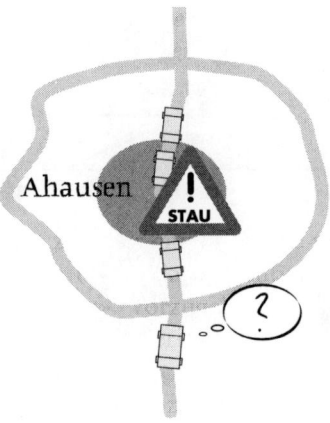

Abb. 41

Der mittlere Weg führt mitten durch die Stadt, aber auf dieser Strecke steht der Verkehr – Stau zur Rush-Hour. Die Straßen links und rechts sind Umgehungsstraßen, die beide frei sind. Das weiß unser Fuzzy-System und kommt vielleicht zu folgendem Ergebnis:

Methoden der Defuzzifizierung 105

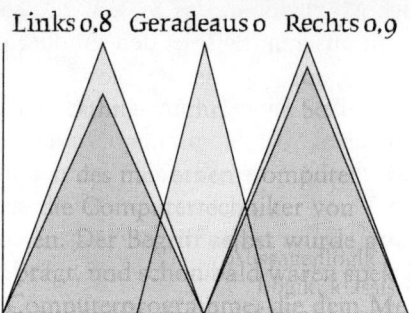
Links 0,8 Geradeaus 0 Rechts 0,9

Abb. 42

Die Alternativen «links» und «rechts» haben beide einen hohen Output von 0,8 beziehungsweise 0,9 (vielleicht ist die linke Strecke ein bißchen länger), die Alternative «geradeaus» dagegen hat den Output 0 – wegen des Staus. Wenn wir jetzt den Kompromiß bilden würden, kämen wir zu der Entscheidung «geradeaus» – geradewegs in den Stau hinein! Der Kompromiß führt also zum schlechtesten denkbaren Ergebnis. In diesem Fall wäre es angebracht, nicht den besten Kompromiß zu suchen, sondern die plausibelste Lösung – und die besteht darin, die rechte Umgehungsstraße zu wählen. Wir müssen also die verschiedenen Lösungen gegeneinander abwägen und die mit dem höchsten Output auswählen. «Mean-of-Maximum» nennt man diese Defuzzifizierungsmethode, das Mittel des maximalen Outputs. Die Wahl der Defuzzifizierungsmethode hängt also von der Struktur des Problems ab, das wir mit Fuzzy-Logik lösen wollen.

Eine Rechnung wie in unserem Kran-Beispiel findet in einem Fuzzy-Chip oder einem Fuzzy-Computerprogramm Hunderte oder Tausende Male pro Sekunde statt. Sensoren messen die Eingangsdaten, das Fuzzy-System produziert einen Output, der Output hat einen Effekt in der Wirklichkeit, und das führt zu einem neuen Input für die nächste Runde. Ob das Fuzzy-System seine Aufgabe gut meistert, kann man den Regeln nicht entnehmen – wir haben ja kein Modell des Vorgangs, der geregelt wird. Also

106 Die Fuzzy-Maschine

besteht die einzige Möglichkeit, das System zu prüfen, darin, es auf die Realität – in unserem Beispiel den simulierten Kran – loszulassen.

Unsere Regeln waren ja reine Daumenregeln, zustande gekommen durch ein bißchen fuzzy-logisches Denken. Probieren wir einmal aus, wie sich der Kran verhält. Um das aufzuzeichnen, können wir einen Videofilm drehen – oder aber seine Bewegung im «Parameterraum» verfolgen. Wir tragen auf einer Achse die Distanz auf und auf der anderen die Auslenkung. Je mehr die Ladung bei der Kranfahrt pendelt, um so extremer sind die Ausschläge in dem Diagramm. Der erste Test unseres Fuzzy-Controllers ergibt vielleicht eine solche Schlangenlinie:

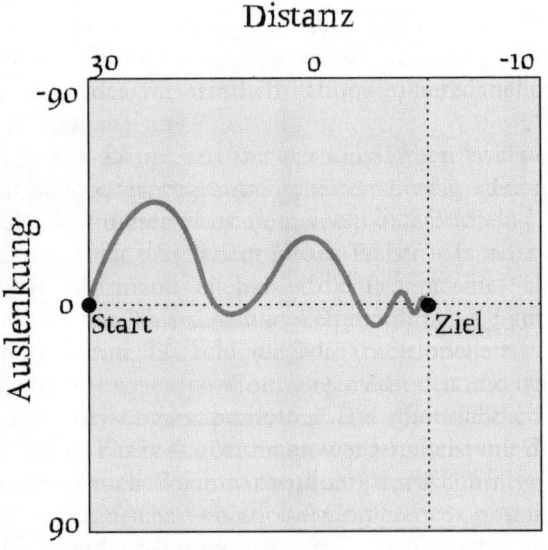

Abb. 43

Deutlich ist zu sehen, daß die Last gleich am Anfang kräftig nach links ausschlägt, was natürlich daran liegt, daß unser Kran gleich mit Volldampf losfährt. Wir haben ja auch gar nicht groß differenziert zwischen langsamer und schneller Fahrt, sondern nur eine Fuzzy-Menge «vor» definiert.

Welche Möglichkeiten haben wir, die Anfahrt des Krans sanfter zu gestalten? Sicherlich könnten wir das ganze System differenzierter programmieren, mit mehr Fuzzy-Variablen, etwa «vor schnell», «vor langsam», «null», «rück langsam», «rück schnell». Das hieße aber, mit der gesamten Prozedur von vorn anzufangen.

Eine andere Möglichkeit besteht darin, neue Regeln hinzuzufügen. Zwar sieht unser Schema ziemlich komplett aus, aber was hindert uns daran, zu einer Prämisse eine weitere Regel zu erfinden?

Beim Anfahren des Krans wirkt die Regel:

> **Wenn Distanz = weit und Auslenkung = Mitte,
> dann Leistung = vor**

Wir fügen einfach eine neue Regel hinzu:

> **Wenn Distanz = weit und Auslenkung = Mitte,
> dann Leistung = null**

Ein klarer Widerspruch – in der herkömmlichen Logik. Fuzzy-Systeme können sehr gut mit solchen Widersprüchen umgehen, denn sie verarbeiten ja alle Regeln gleichzeitig und bilden eine Art «Mittelwert» der Folgerungen. In diesem Fall würde sich also eine Art «halbe Kraft voraus» ergeben. Wir können diese Kraft sogar noch feiner regulieren, indem wir festlegen, daß die erste Regel generell nur mit einem Faktor 0,4 in die Berechnung eingeht, die zweite Regel mit einem Faktor 0,6 – zum Beispiel.

Es gibt also viele Möglichkeiten, unsere Fuzzy-Regelung durch neue Regeln zu «optimieren». Ein weiterer Kunstgriff liegt darin, die Fuzzy-Mengen zu verändern: Die Dreiecke (Abb. 34) können spitzer gemacht werden, wenn eine ganz spezifische Steuerung etwa in der Nähe des Ziels gewünscht wird. Schießt der Kran oft übers Ziel hinaus, können wir den «Zu weit»-Bereich ein bißchen vorverlegen, damit die Bremswirkung früher eintritt... und so weiter!

Fuzzy-Regelung ist wirklich eine Sache von Versuch und Irrtum. Die meisten Fuzzy-Software-Pakete sind «interaktiv» angelegt – das heißt, der Benutzer kann jederzeit in den Prozeß eingreifen und die Regeln verändern. Oft kann man sich auch die Schlangenlinien im Parameterraum «live» auf dem Bildschirm anzeigen lassen, während die Steuerung läuft.

Wie lange muß man herumprobieren, bis eine Fuzzy-Steuerung optimal ist? Da wir kein Modell der Wirklichkeit besitzen, können wir im allgemeinen auch nicht sagen, was «optimal» bedeutet. Bei unserem Kran wäre die ideale Verbindung eine gerade Linie vom Start zum Ziel. Das würde aber bedeuten, daß die Ladung überhaupt nicht pendelt, und das geht nur bei unendlich kleiner Geschwindigkeit. Eine realistischere Vorstellung von einer idealen Lösung ist die: Der Kran fährt an, die Last schwingt nach links, und mit dem Zurückschwingen wird sie sauber am Ziel abgesetzt. Die Kurve sieht etwa folgendermaßen aus:

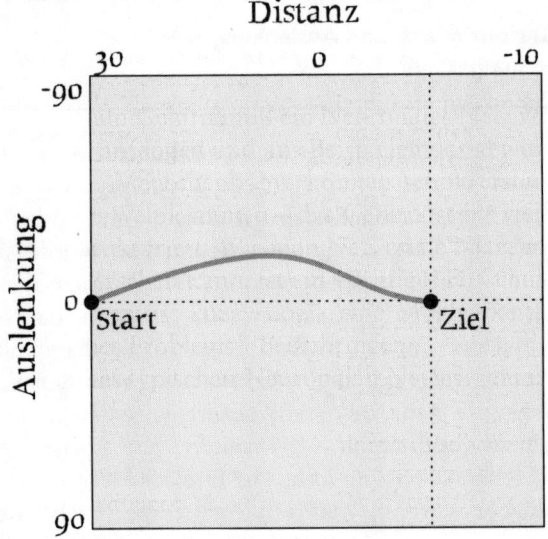

Abb. 44

Es ist nicht schwierig, die Kransteuerung in ein paar Stunden Spielerei an einem PC so zu optimieren, daß eine ideale Kurve erreicht wird. Hier spielt Fuzzy-Logik ihre Stärken aus: ein Problem mit wenigen Eingangsvariablen, die zwar auf komplizierte Art voneinander abhängig sind, die sich aber in leicht erfaßbaren Begriffen präsentieren. Jeder kann sich vorstellen, daß ein ruckartiges Anfahren die Last nach links schwingen läßt; also sollten solche abrupten Bewegungen vermieden werden. Sie können das Problem «körperlich» erleben, indem Sie einen schweren Gegenstand an eine Schnur hängen und damit im Zimmer auf und ab gehen. Es ist übersichtlich und unserer Alltagserfahrung eingängig.

Es gibt aber Aufgaben, die anders geartet sind. Wer kann schon auf Anhieb die Regeln formulieren, die die Antiverwackelungsautomatik einer Videokamera bestimmen? Oder was ist, wenn in einen Prozeß vier verschiedene Größen eingehen, die jeweils sieben Fuzzy-Werte annehmen können? Dann geht es auf einmal um $7 \times 7 \times 7 \times 7 = 2401$ mögliche Regeln. Wer behält da noch den Überblick?

Das große Problem bei Fuzzy-Steuerungen ist die Frage: Woher kommen die Regeln? Wenn wir einen Experten zur Hand haben, der über so viel Selbstreflexion verfügt, daß er sein Expertenhandeln beschreiben kann, oder wenn wir selbst Experten sind, dann ist es gut. Steht uns aber kein Experte zur Seite oder nur einer, der sein Wissen «im Gefühl» hat, aber nicht formulieren kann, oder wenn es zu einem Problem gar keinen Experten gibt, weil ein Mensch es nicht bewältigen kann – dann ist auch die Fuzzy-Logik um eine Lösung verlegen. So elegant und «weich» eine Fuzzy-Steuerung am Ende auch funktioniert – ihr Regelwerk selbst ist starr und paßt sich nicht wechselnden Bedingungen an. Um solche Fähigkeiten zu erwerben, muß ein Fuzzy-System mit lernfähigen Techniken wie Neuronalen Netzen oder Genetischen Algorithmen gepaart werden. Mehr darüber in Kapitel 10.

Aber da gerade von Experten die Rede ist: Die Fuzzy-Kransteuerung verdient durchaus den Namen «Expertensystem». Sie verinnerlicht die Regeln, nach denen ein erfahrener Kranführer die Maschine steuern würde, und wendet diese auf Daten aus der Wirklichkeit an.

Nichts anderes tun die klassischen Expertensysteme der «Künstlichen Intelligenz» (KI), die etwa zur Diagnose von Krankheiten, zum Auffinden von Ölquellen oder zur Analyse chemischer Verbindungen eingesetzt worden sind. Allerdings arbeiten sie mit zweiwertiger Logik: Liegt der Cholesterinspiegel des Patienten über 300? Ist seine Körpertemperatur höher als 39 Grad?
Erfahrene Ärzte arbeiten nicht so. Sie müssen einen Patienten oft nur anschauen, um zu wissen, welche Diagnose sie zu stellen haben. Was im Kopf eines guten Arztes vorgeht, wird man wahrscheinlich nie genau herausbekommen. Aber wir können ziemlich sicher sein, daß er keinen «Entscheidungsbaum» durchläuft, dabei Tausende von Ja/nein-Entscheidungen fällt und schließlich zu einer einzigen, bombensicheren Diagnose kommt. Da ist der Fuzzy-Ansatz plausibler: daß der Arzt im Laufe seiner Ausbildung und seiner Praxis Erfahrungsregeln gesammelt hat, die schon beim Anblick des Patienten parallel zu arbeiten beginnen. Viele dieser Regeln fallen gleich unter den Tisch, und am Schluß bleiben eine oder mehrere Hypothesen mit verschiedenen Plausibilitäten übrig.
Ein medizinisches Fuzzy-Expertensystem ist von Peter Adlaßnig an der Universität Wien entwickelt worden. Es trägt den Namen CADIAG-2 und soll dem Arzt vor allem bei der Diagnose von Krankheiten helfen, die in seiner täglichen Praxis nur selten vorkommen.
Ein medizinisches Expertensystem muß eine Abbildung von der «Welt» der Symptome in die «Welt» der Krankheiten herstellen. Die Beziehung zwischen diesen beiden Welten ist durch Regeln gegeben.
Diese Regeln sind ein wenig komplizierter als bei der Kransteuerung: Man muß zum Beispiel unterscheiden, ob ein Symptom oder eine Gruppe von Symptomen für eine Diagnose schon ausreichend ist (wenn Symptom S, dann Krankheit K) oder nur notwendig (wenn Krankheit K, dann Symptom S).
Es gibt mehrere Gründe, warum der Fuzzy-Ansatz gerade bei medizinischen Anwendungen sinnvoll ist:

- Die Symptome selbst sind Fuzzy-Mengen. Ein Begriff wie «hohes Fieber» hat keine scharfen Grenzen.
- Die Krankheiten sind fuzzy: Man kann eine leichte Grippe haben oder eine lebensgefährliche.
- Die Beziehungen zwischen Symptomen und Krankheiten sind fuzzy. Medizinische Fuzzy-Systeme arbeiten mit Sätzen wie «Akute Pyelonephritis ist gewöhnlich mit einer Reizung und Infektion der Blase verbunden und gelegentlich mit Fieber und Schüttelfrost».
- Die Anamnese, also die Feststellung, was für Symptome ein Patient hat, ist mit Unschärfe behaftet: Nur wenige Größen kann man exakt messen, oft muß der Patient eine subjektive Einordnung vornehmen (etwa wie «unwohl» er sich fühlt), oder der Arzt muß nach seinem Augenschein subjektive Entscheidungen treffen.
- Und schließlich muß die Diagnose nicht eindeutig sein: Ein Patient kann ja durchaus mehrere Krankheiten haben. Parallel arbeitende Fuzzy-Regeln können damit besser umgehen als ein System, das ständig Entweder/oder-Entscheidungen treffen muß.

Fuzzy-Expertensysteme haben noch einige Vorteile gegenüber den «zweiwertigen» Systemen der KI: Sie sind schneller zu programmieren, sie kommen meistens mit erheblich weniger Regeln aus, und sie sind «toleranter»: Wenn zum Beispiel mehrere Fachleute herangezogen werden, um ein Expertensystem zu erstellen, dann kann es schon einmal vorkommen, daß sie widersprüchliche Erfahrungsregeln formulieren. In einem herkömmlichen KI-System müssen solche Regeln miteinander «versöhnt» werden, damit der Computer sich nicht in Widersprüche verwickelt. Ein Fuzzy-System kann verschiedene Meinungen in seinen Regeln akkumulieren und auch dann noch zu einer sinnvollen Antwort kommen, wenn sich die Regeln widersprechen.

Bart Kosko hat den Unterschied zwischen einem Fuzzy- und einem KI-Expertensystem mit der Art und Weise verglichen, wie eine Richterin zu ihren Entscheidungen kommt. Die Regeln eines klassischen Expertensystems entsprechen den Vorschriften eines

Gesetzes: «Wer Banknoten nachmacht oder verfälscht oder nachgemachte oder verfälschte sich verschafft und in Verkehr bringt, wird mit Freiheitsstrafe nicht unter zwei Jahren bestraft.» (Das stand jedenfalls früher auf den Geldscheinen. Auf den neuen Banknoten fehlt der Satz – ist das Geldfälschen jetzt erlaubt?) Gesetze sind exakte Wenn-dann-Regeln: Tue dies, und du bekommst jene Strafe. Daß wir noch keine Rechtsprechungsautomaten haben, liegt daran, daß es neben dem Buchstaben noch den Geist des Gesetzes gibt, Prinzipien, wie sie etwa im Grundgesetz stehen: «Die Würde des Menschen ist unantastbar.» Daraus kann man keine Gefängnisstrafe für jemanden ableiten, der eines anderen Würde antastet. «Gerechtigkeit» ist eine Sammlung von Prinzipien, teils ausgesprochen, teils vage, ständigen kulturellen Wandlungen unterworfen. Wenn eine Richterin zu einem Urteil kommt, dann muß sie nicht nur den Buchstaben des Gesetzes anwenden, sondern auch diese Prinzipien, die wie Fuzzy-Regeln in ihrem Geist gespeichert sind und ständig parallel arbeiten, ohne daß sie sich dessen unbedingt bewußt ist.

Aber ist das ein Grund, die Fuzzy-Prinzipien höher zu bewerten als die «simplen» Wenn-dann-Regeln? Eine Vorschrift wie «Wer die zulässige Höchstgeschwindigkeit um mehr als 10 Prozent überschreitet, der muß hundert Mark Bußgeld bezahlen» ist zwar ärgerlich für den, der mit 56 km/h in einer geschlossenen Ortschaft geblitzt wird, aber auch eine Rechtssicherheit für den, der nur 54 gefahren ist. «Nulla poena sine lege», keine Strafe ohne Gesetz, ist auch eines dieser Prinzipien und besagt, daß sich die Autoritäten eben nicht nur auf Rechtsgrundsätze berufen können, wenn sie jemanden bestrafen wollen, sondern wirklich für alle Eventualitäten eine schwarzweiße, klassisch-logische Vorschrift erlassen müssen. Und von der Möglichkeit, den menschlichen Richter durch einen Fuzzy-Algorithmus zu ersetzen, wie Kosko es zumindest anklingen läßt, sind wir glücklicherweise noch ein Stück entfernt.

Der Zauberwürfel

*Meine Theoreme sind falsch genau dann,
wenn 2 = 3 ist. Sie müssen sie also nicht
mögen. Sie müssen sie nur hinnehmen.*

Bart Kosko

In diesem Kapitel kommen ein paar mehr Formeln vor als in den anderen, denn es geht um Mathematik – um eine neue Art, Fuzzy-Mengen zu betrachten, die vor allem der Amerikaner Bart Kosko entwickelt hat. An dieser Stelle schreiben Autoren gern einen Satz wie «Sie können die Formeln ruhig überschlagen, Ihnen entgeht dadurch nichts». Um dieses Kapitel zu verstehen, müssen Sie die Formeln lesen – aber sie sind ziemlich einfach, es begegnen Ihnen nur unsere bekannten Mengen-Symbole und die Grundrechenarten, nicht einmal Wurzeln. Wer das Kapitel überschlägt, weiß trotzdem, was Fuzzy-Logik ist. Wer es liest, bekommt ein Gefühl dafür, was Mathematiker unter einer «eleganten» Theorie verstehen.

Aber es geht nicht nur um Eleganz und Schönheit. Mit Hilfe von Koskos «Zauberwürfel» können wir auch ausdrücken, «wie groß» eine Fuzzy-Menge ist, «wie fuzzy» sie ist, «wie gleich» zwei Mengen A und B sind und was es heißt, daß eine Menge A in einer Menge B enthalten ist. Und schließlich schlägt Kosko mit einem Theorem sogar die Brücke zur Wahrscheinlichkeitsrechnung.

Die Würfelmethode stellt Fuzzy-Mengen als Punkte in einem n-dimensionalen «Hyperwürfel» dar. Das klingt nach Raumschiff Enterprise, aber Mathematiker sind es gewohnt, mit mehrdimensionalen Räumen zu hantieren. Wir werden uns zumeist auf die Dimension 2 beschränken, um unser Vorstellungsvermögen nicht überzustrapazieren.

Wir betrachten also eine Grundmenge von zwei Elementen, und zwar wieder die Herren Alfred und Bernd, diesmal ohne ihre Freunde. Wie viele Fuzzy-Mengen gibt es über dieser Grundmenge? Unendlich viele natürlich, wir können die beiden nach Kriterien wie groß, schwer, blauäugig, trinkfest sortieren – der Phantasie sind keine Grenzen gesetzt.

So wie aber zwei klassische Mengen gleich sind, wenn ihnen dieselben Elemente angehören, sind zwei Fuzzy-Mengen über einer Grundmenge identisch, wenn für jedes Element der Grad der Zugehörigkeit derselbe ist – egal nach welchen Kriterien sie zusammengestellt wurden. Die Fuzzy-Mengen mit Alfred und Bernd sind also alle Zahlenpaare (x,y) mit Werten zwischen 0 und 1: x beschreibt, wie sehr Alfred zu der Menge gehört, und y ist der Wert für Bernd.

Die Menge all dieser Zahlenpaare ist ein Quadrat mit der Seiten-

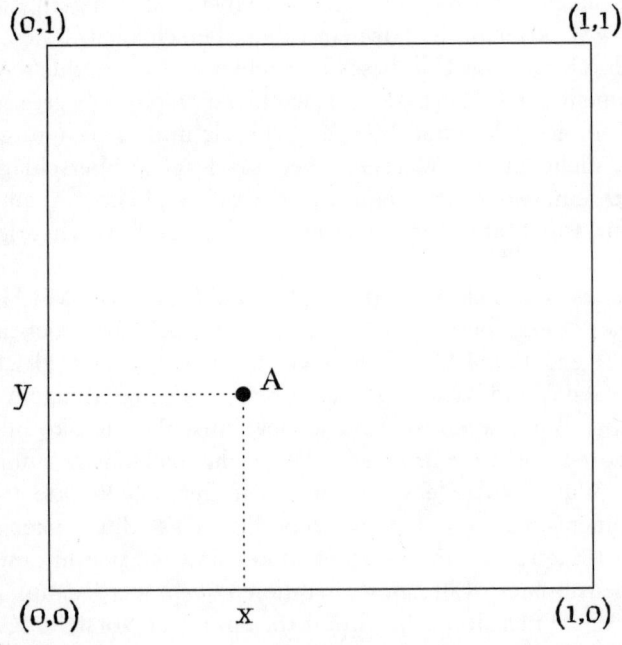

Abb. 45

länge 1 (Abb. 45), und jede Fuzzy-Menge A ist ein Punkt darin mit den Koordinaten (x,y).

Wenn unsere Grundmenge aus drei Personen bestünde, hätten wir kein Quadrat, sondern einen Würfel. Und bei n Personen müßten wir uns einen n-dimensionalen Hyperwürfel vorstellen. Das schafft niemand, aber Mathematiker können damit rechnen. Ja, sie gehen sogar mit unendlich-dimensionalen Hyperwürfeln um, ohne mit der Wimper zu zucken (wenn nämlich die Grundmenge X aus unendlich vielen Elementen besteht). Wir bleiben lieber bei dem zweidimensionalen «Würfel», dem Quadrat, aber alles, was jetzt folgt, läßt sich auch in höhere Dimensionen übertragen.

Die vier Eckpunkte des Quadrats haben die Koordinaten (0,0), (0,1), (1,0) und (1,1). Sie entsprechen den traditionellen Mengen, die sich mit Alfred und Bernd bilden lassen: ∅ (die leere Menge), {Alfred}, {Bernd} und {Alfred, Bernd}. Die traditionelle Mengenlehre beschäftigt sich also nur mit den «Extremfällen» des Würfels, während die Fuzzy-Mengenlehre den ganzen Würfel ausfüllt.

Noch einmal zur Verdeutlichung: Mit dem Würfel-Modell stellen wir eine Fuzzy-Menge nicht mehr als Funktion über einer Grundmenge dar, sondern als einen einzigen Punkt in einem Raum, dessen Dimension der Anzahl der Elemente der Grundmenge entspricht. Der «Einheitswürfel» in diesem Raum enthält alle möglichen Fuzzy-Mengen über dieser Grundmenge.

Das Modell macht natürlich nur dann Sinn, wenn diese Geometrie etwas über die Mengen aussagt. Dazu untersuchen wir erst einmal, was unsere bekannten Mengen-Operatoren mit den Punkten im Einheitsquadrat machen, etwa die Bildung des Komplements. Nehmen wir als Beispiel die Menge $A = (1/4, 2/3)$. Ihr Komplement ist, entsprechend der Definition auf Seite 35,

$$\overline{A} = (1 - 1/4, 1 - 2/3) = (3/4, 1/3)$$

Den Punkt $\overline{A}$ erhält man, indem man A «am Mittelpunkt des Quadrats spiegelt», das heißt, man geht von A zu M und dann in der gleichen Richtung noch einmal soweit (Abb. 46).

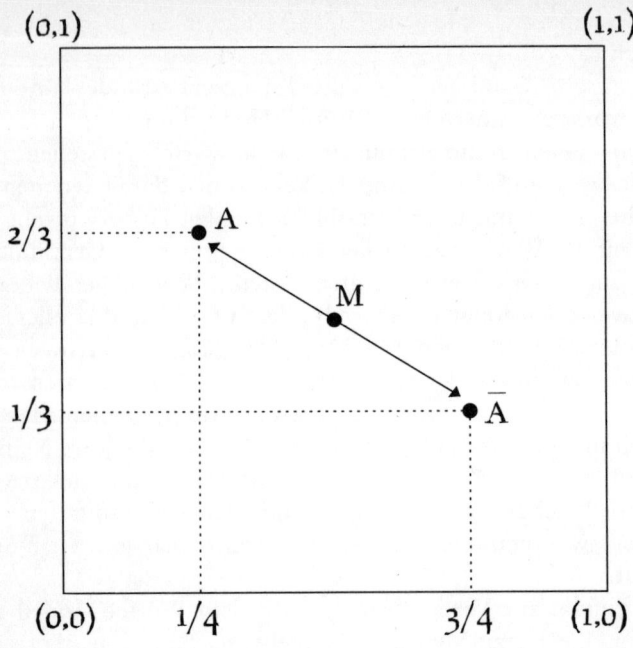

Abb. 46

Fuzzy-Mengen zeichnen sich ja dadurch aus, daß für sie der Satz vom ausgeschlossenen Widerspruch und der Satz vom ausgeschlossenen Dritten nicht unbedingt gelten. Der Durchschnitt von A und $\bar{A}$ ist also mehr als die leere Menge, und die Vereinigung ist weniger als X. $A \cap \bar{A}$ und $A \cup \bar{A}$ lassen sich im Fuzzy-Quadrat leicht einzeichnen. Wir erhalten den Durchschnitt, indem wir elementweise das Minimum der Zugehörigkeitsfunktionen bilden, und die Vereinigung, indem wir das Maximum nehmen (vgl. S. 38 und 40). Es ist also

$$A \cap \bar{A} = (\min(1/4, 3/4), \min(2/3, 1/3)) = (1/4, 1/3)$$
$$A \cup \bar{A} = (\max(1/4, 3/4), \max(2/3, 1/3)) = (3/4, 2/3)$$

Die vier Mengen bilden also ein hübsches symmetrisches Rechteck:

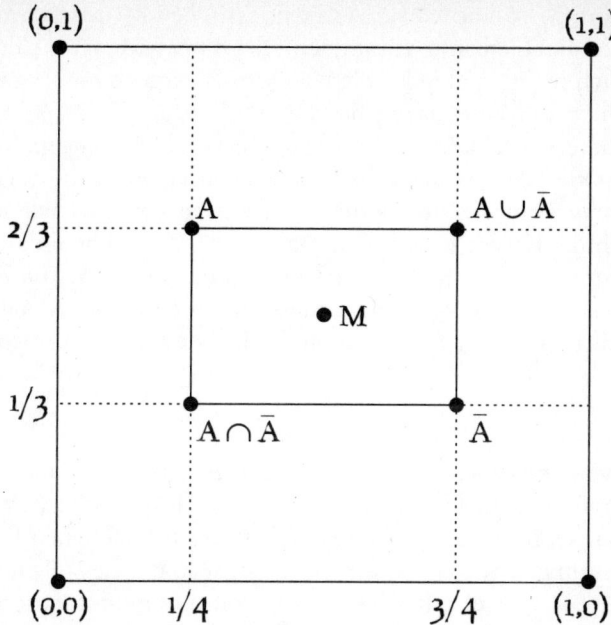

Abb. 47

Für die «gewöhnlichen» Eckpunkte gilt das natürlich auch: Betrachten wir zum Beispiel den Punkt B=(0,1), dann ist $\bar{B}$=(1,0), $B\cap\bar{B}$=(0,0) und $B\cup\bar{B}$=(1,1).
Je weiter man sich von außen zur Mitte des Quadrats bewegt, je «fuzzier» die Mengen also werden, um so enger rücken die vier Punkte zusammen. Und in der Mitte passiert etwas Kurioses: Für die Fuzzy-Menge M=($^1/_2$,$^1/_2$) verschmelzen die vier Punkte zu einem, es ist also

$$M = \bar{M} = M \cap \bar{M} = M \cup \bar{M}$$

Die Menge M ist die fuzzieste von allen, sie ist der Ort, an dem die Paradoxa vom Lügner und vom Barbier angesiedelt sind. Bart Kosko nennt sie «das Schwarze Loch der Mengenlehre»: Hier verlieren die bekannten logischen und mathematischen Wahrheiten ihre Gültigkeit.

Wie «groß» ist eine Menge A? Bei klassischen Mengen zählt man einfach die Elemente zusammen. Bei Fuzzy-Mengen geht das natürlich nicht, weil jedes Element von X «irgendwie», in unterschiedlichem Maße, dazugehört.

Im Zauberwürfel können wir für die klassischen Mengen, die den Eckpunkten entsprechen, die Größe leicht angeben: In ihren Koordinaten kommen nur Nullen und Einsen vor, und wir zählen einfach die Einsen zusammen. Oder aber: Wir addieren alle Koordinaten. Und nichts hindert uns daran, das auch für Fuzzy-Mengen zu tun. Wir definieren also die Größe einer Menge einfach als Summe der Koordinaten, im Fall des Quadrats also:

$$\|A\| = x + y$$

$\|A\|$ (Mathematiker sagen «Norm von A») läßt sich auch interpretieren als ein Maß für den «Abstand» des Punktes (x,y) vom Nullpunkt. Dies entspricht zwar nicht der tatsächlichen Distanz in Zentimetern (das wäre nach dem Satz des Pythagoras $\sqrt{x^2 + y^2}$), aber es gilt: Je weiter A vom Nullpunkt entfernt ist, desto größer ist $\|A\|$. Und wir müssen keine Wurzeln ziehen.

Wir können aber nicht nur den Abstand vom Nullpunkt definieren, sondern auch den Abstand d(A,B) zwischen zwei Mengen A und B (Abb. 48): Wenn die Koordinaten von B x' und y' sind, dann ist der Abstand

$$d(A,B) = |x - x'| + |y - y'|$$

($|x-x'|$ bedeutet dabei den «Betrag» der Differenz von x und x', also in jedem Fall eine positive Zahl.)

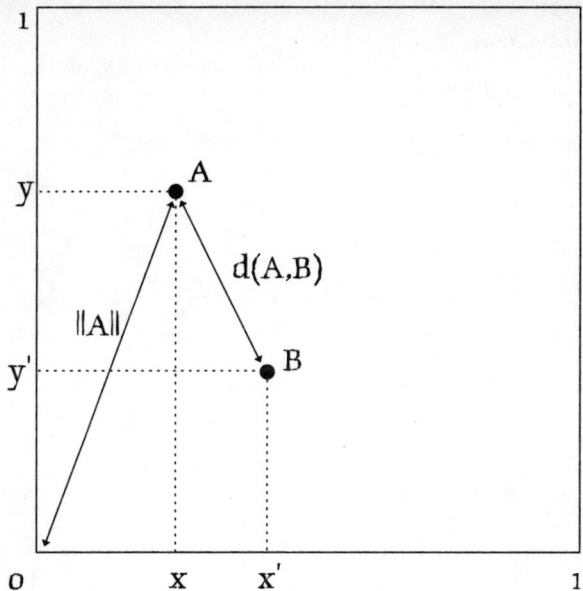

Abb. 48

Je näher zwei Mengen beieinander liegen, desto «gleicher» sind sie. In der klassischen Mengenlehre sind zwei Mengen natürlich nur dann gleich, wenn sie genau dieselben Elemente haben. In die Fuzzy-Mengenlehre übertragen, würde dies bedeuten, daß zwei Fuzzy-Mengen nur dann gleich sind, wenn sie für jedes Element exakt denselben Zugehörigkeitswert haben. Aber Begriffe wie «groß» kann man mit verschiedenen Fuzzy-Funktionen ausdrücken, die alle dieselbe Qualität beschreiben. Deshalb ist es sinnvoll, ein Fuzzy-Maß dafür zu entwickeln, wie «gleich» zwei Mengen sind. Und weil das Wort «gleich» so absolut klingt, sprechen wir lieber von «Ähnlichkeit».

Eine Möglichkeit wäre es, die Ähnlichkeit von A und B einfach über den Abstand zu definieren: Je näher, desto gleicher, also etwa den Wert $(1-d(A,B))$. Aber betrachten wir die beiden Paare von Mengen A1 und B1 beziehungsweise A2 und B2 in der folgenden Abbildung.

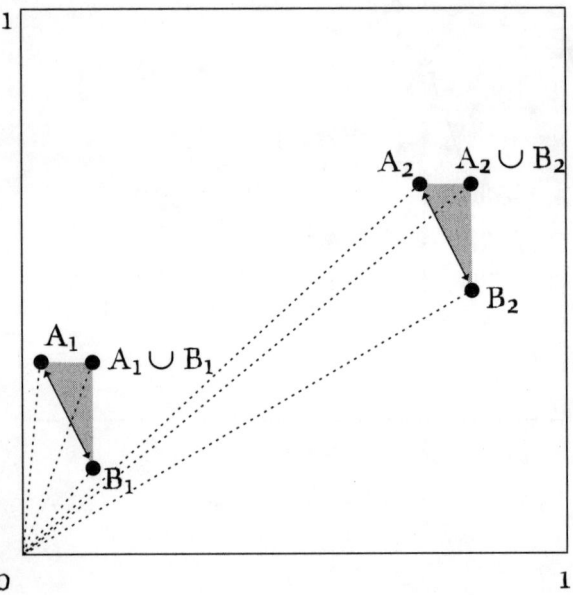

Abb. 49

Die Abstände sind jeweils dieselben, aber wir finden A2 und B2 erheblich «ähnlicher» als A1 und B1, weil ihr Abstand relativ zu ihrer Größe nicht so ins Gewicht fällt. Damit die Ähnlichkeit dieses Verhältnis ausdrückt, korrigieren wir den Abstandswert durch die Größe der Vereinigungsmenge von A und B:

$$\text{Ähn}(A,B) = 1 - \frac{d(A,B)}{\|A \cup B\|}$$

Was bedeutet Ähn(A,B), wenn A und B gewöhnliche Mengen sind? Nehmen wir zum Beispiel A = (1,0) und B = (0,1), dann ist

$$\text{Ähn}(A,B) = 1 - \frac{1+1}{\|(1,1)\|} = 1 - \frac{2}{2} = 0$$

Die beiden Mengen sind sich so unähnlich, wie sie nur sein können. Anders ist es, wenn sie Elemente gemeinsam haben, etwa $A=(1,0)$ und $B=(1,1)$:

$$\text{Ähn}(A,B) = 1 - \frac{1+0}{\|(1,1)\|} = 1 - {}^1/_2 = {}^1/_2$$

Allgemein kann man sagen: Bei klassischen Mengen mit endlich vielen Elementen gibt Ähn(A,B) den «Anteil» der Elemente an, die in A und B enthalten sind, bezogen auf die Vereinigung von A und B. Das heißt aber nichts anderes als

$$\text{Ähn}(A,B) = \frac{\|A \cap B\|}{\|A \cup B\|}$$

Und diese Gleichung gilt auch für Fuzzy-Mengen (wenn man ein bißchen mit den Definitionen von Durchschnitt, Vereinigung und Abstand herumrechnet, kriegt man es heraus).
Wie fuzzy ist eine Fuzzy-Menge? Die «fuzzieste» Menge im Zauberwürfel ist, wie wir gesehen haben, der Mittelpunkt, die Menge M, die gleich ihrem Komplement ist. Das Fuzzy-Maß soll die Ähnlichkeit zwischen einer Menge und ihrem Komplement sein:

$$\text{Fuzz}(A) = \text{Ähn}(A,\bar{A}) = \frac{\|A \cap \bar{A}\|}{\|A \cup \bar{A}\|}$$

Für den Mittelpunkt M ist natürlich Fuzz(M) = 1. Für die klassischen Mengen in den Ecken ist $A \cap \bar{A}$ immer die leere Menge, also der Bruch auf der rechten Seite gleich Null. Das Fuzzy-Maß beschreibt also genau das Kontinuum zwischen den klassischen Mengen und dem «Schwarzen Loch» M mit Werten zwischen 0 und 1.
Jetzt bleibt noch die Frage offen, wie wir die Teilmengen-Eigenschaft zweier Mengen fuzzifizieren können. Bisher gilt ja eine

Menge B nur dann als Teilmenge von A, wenn alle Elemente von X zu einem geringeren Grad zu B gehören als zu A (vgl. S. 45). Übertragen auf den Hyperwürfel, liegen die strengen Teilmengen von A in dem dunklen Bereich in Abbildung 50.

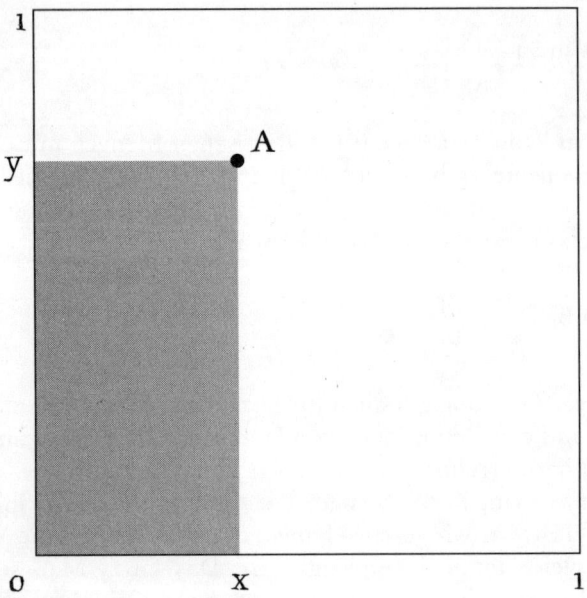

Abb. 50

Statt dessen wollen wir eine «Fuzzy-Untermengigkeit» definieren, die für echte Teilmengen 1 ist und außerhalb des dunklen Rechtecks langsam abnimmt – eine unserer bekannten Fuzzy-Wolken:

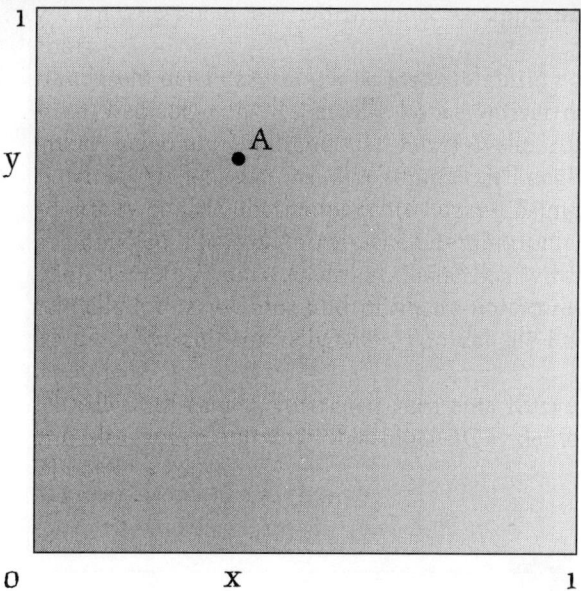

Abb. 51

Wie läßt sich das mathematisch ausdrücken? Für gewöhnliche Mengen soll dieser «Untermengigkeitsgrad» angeben, welcher Anteil der Elemente von B in A liegt, wie groß also der Durchschnitt von A und B verglichen mit B ist:

$$\text{Unt}(B,A) = \frac{\|A \cap B\|}{\|B\|}$$

Abbildung 52 zeigt geometrisch, was dies für Fuzzy-Mengen bedeutet: A ∩ B ist die echte Teilmenge von A, die am nächsten an B liegt, und gleichzeitig die echte Teilmenge von B, die am nächsten an A liegt. Die beiden Rechtecke, die die echten Teilmengen von A und B beschreiben, schneiden sich in dem dunkleren Rechteck, und A ∩ B ist die größte dieser Mengen.

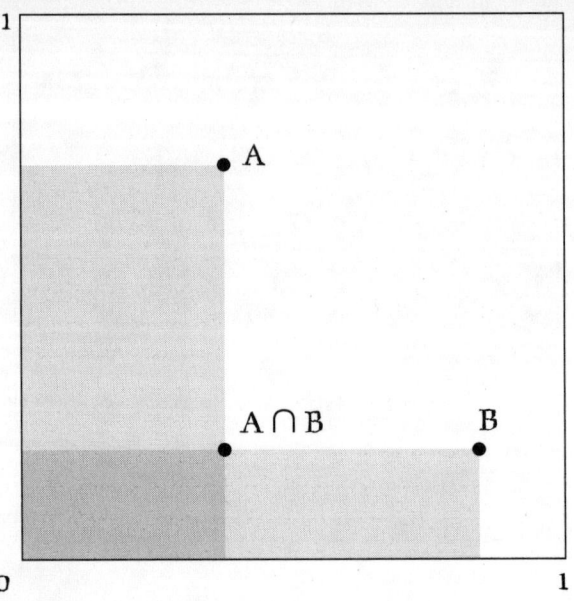

Abb. 52

Wem jetzt noch nicht der Kopf schwirrt vor lauter Gleichungen, der kann sich noch das folgende Ergebnis auf der Zunge zergehen lassen: Wir ersetzen in der Untermengigkeitsgleichung A durch $A \cap \bar{A}$ und B durch $A \cup \bar{A}$ und erhalten

$$\text{Unt}(A \cup \bar{A}, A \cap \bar{A}) = \frac{\|(A \cap \bar{A}) \cap (A \cup \bar{A})\|}{\|A \cup \bar{A}\|} = \frac{\|A \cap \bar{A}\|}{\|A \cup \bar{A}\|} = \text{Fuzz}(A)$$

In Worten ausgedrückt, besagt diese Gleichung: «Die Fuzziness einer Menge ist der Grad, zu dem die Vereinigung von A mit $\bar{A}$ im Durchschnitt von A und $\bar{A}$ enthalten ist.» Das macht nun für nicht fuzzy-gewohnte Menschen überhaupt keinen Sinn mehr: Die Vereinigung einer gewöhnlichen Menge mit ihrem Komplement ist «alles», der Durchschnitt ist «nichts», und die Fuzziness ist das Maß dafür, wieviel von allem im Nichts enthalten ist?

Aber für gewöhnliche Mengen ist die Fuzziness ja auch null, und je fuzzier eine Menge wird, um so mehr nähert sich der Bruch dem Wert 1 an, bis schließlich im Mittelpunkt des Fuzzy-Würfels alles miteinander eins wird.

Bart Kosko hat die Darstellung von Fuzzy-Mengen im «Zauberwürfel» auch dazu benutzt, gegen die radikalen Vertreter der Wahrscheinlichkeitsrechnung zu polemisieren, die behaupten, ihre Art, mit unsicherer Information umzugehen, sei die einzig mögliche. In den Gleichungen, die wir gerade aufgestellt haben, verbergen sich nämlich auch die wichtigsten Grundregeln der Wahrscheinlichkeitsrechnung.

Wenn man zum Beispiel die Wahrscheinlichkeit berechnen will, beim Würfeln eine 1, 2 oder 3 zu werfen, dann tut man das nach der Formel:

$$p(1, 2 \text{ oder } 3) = \frac{\text{Anzahl der günstigen Ereignisse}}{\text{Anzahl der möglichen Ereignisse}} = \frac{3}{6} = \frac{1}{2}$$

Oder anders ausgedrückt: Wenn X die Menge der möglichen Ereignisse ist und A die Menge der günstigen Ereignisse, dann ist die Wahrscheinlichkeit für ein Ereignis aus der Menge A

$$p(A) = \frac{\|A\|}{\|X\|}$$

Das nennen die Statistiker auch die «relative Häufigkeit» von A. X und A sind dabei gewöhnliche Mengen, also Eckpunkte in einem hinreichend großen Einheitswürfel. Aber natürlich sind sie auch Sonderfälle von Fuzzy-Mengen, und man kann insbesondere die Untermengigkeit von X in A bestimmen:

$$\text{Unt}(X,A) = \frac{\|A \cap X\|}{\|X\|} = \frac{\|A\|}{\|X\|}$$

Die relative Häufigkeit ist also der Grad, zu dem das Ganze (X) in seinem Teil (A) enthalten ist. Das klingt schon sehr nach fernöstlicher Philosophie, aber natürlich gibt Unt(X,A) nichts anderes an als den Anteil von X, den A ausmacht. Das Bemerkenswerte ist, daß hier ein Begriff der Wahrscheinlichkeitsrechnung als Sonderfall der Fuzzy-Untermengigkeit hergeleitet wird, ganz ohne die Verwendung von «Zufallsexperimenten» und dergleichen.

Die «Bayesianer» (benannt nach dem Priester Thomas Bayes, der von 1702 bis 1761 lebte) sind ein besonderer Schlag von Wahrscheinlichkeitstheoretikern. Für sie ist Wahrscheinlichkeit kein objektiver Sachverhalt, sondern ein subjektiver Stand des Wissens über ein Ereignis. Der Bayesianer Dennis Lindley äußerte 1987 eine besonders herbe Invektive gegen die Fuzzy-Logik: «Wahrscheinlichkeit ist die einzige vernünftige Beschreibung von Unsicherheit und ist geeignet für alle Probleme, die Unsicherheit beinhalten. Alle anderen Methoden sind ungeeignet.» Starker Tobak also. Um so diebischer muß Bart Koskos Freude gewesen sein, als er die zentrale Formel der Bayes'schen Wahrscheinlichkeitsrechnung aus dem Fuzzy-Würfel herleiten konnte.

Die Formel von Bayes leitet nicht aus den Gegebenheiten die Wahrscheinlichkeit eines Ereignisses ab, sondern schließt umgekehrt von einem eingetretenen Ereignis auf die Wahrscheinlichkeit, daß eine bestimmte Ursache für dieses Ereignis vorliegt. Nehmen wir an, wir hätten eine Menge von schwarzen und weißen Kugeln, die in verschiedenen Verhältnissen auf mehrere Urnen X1, X2,... Xn verteilt sind (Wahrscheinlichkeitstheoretiker beschäftigen sich besonders gern mit Kugeln, die aus Urnen gezogen werden). Jemand nimmt eine Kugel – sie ist weiß – aus einer der Urnen. Wie groß ist die Wahrscheinlichkeit, daß sie aus Urne X1 stammt?

Die etwas monströse Formel dafür lautet

$$p(X_1|weiß) = \frac{p(X_1) \cdot p(weiß|X_1)}{p(X_1) \cdot p(weiß|X_1) + p(X_2) \cdot p(weiß|X_2) + \ldots + p(X_n) \cdot p(weiß|X_n)}$$

Dabei bedeutet
- p(X_1 | weiß) (sprich «p von X_1 wenn weiß») die Wahrscheinlichkeit, daß die weiße Kugel aus Urne X_1 stammt,
- p(X_1), ..., p(X_n) die einzelnen Wahrscheinlichkeiten, daß überhaupt eine Kugel aus der jeweiligen Urne gezogen wird, und
- p(weiß | X_1), ..., p(weiß | X_n) die Wahrscheinlichkeiten, daß eine aus dieser Urne gezogene Kugel weiß ist.

Mit ein paar elementaren Rechnungen (in Mathematikbüchern steht an dieser Stelle gern «... die dem Leser als Übung überlassen werden») konnte Kosko zeigen, daß diese Wahrscheinlichkeit p(X_1 | weiß) genau der Untermengigkeit Unt(weiß, X_1) entspricht. Auch hier gilt also: Man kann die «bedingte Wahrscheinlichkeit» der Bayes'schen Wahrscheinlichkeitsrechnung als einen Spezialfall der Fuzzy-Logik auffassen – Rache ist süß.

Hartes Rechnen, weiches Rechnen

Ich bin davon überzeugt, daß die Gesellschaften, die die neuen Wissenschaften von der Komplexität meistern und dieses Wissen in neue Produkte und neue Formen sozialer Organisation umsetzen können, die kulturellen, ökonomischen und militärischen Supermächte des nächsten Jahrhunderts sein werden.
Heinz Pagels

Fuzzy-Logik gehört zu einer ganzen Welle neuartiger Computermethoden, die in den letzten Jahren entwickelt wurden mit dem Anspruch, «natürlicher» vorzugehen als die klassischen Rechenverfahren. Lotfi Zadeh spricht von «soft computing» («weichem Rechnen») im Gegensatz zum «hard computing». Neben der Fuzzy-Logik gehören dazu zum Beispiel die Neuronalen Netze, die in gewisser Weise das menschliche Gehirn nachahmen, und die Genetischen Algorithmen, die mit Prinzipien der Evolution nach optimalen Lösungen für numerische Probleme suchen.
Herkömmliche Computerprogramme können im Prinzip nur das, was der Programmierer ihnen eingibt – wenn auch sehr schnell. Ein Computer-Schachprogramm sucht nach einer bestimmten Strategie eine Menge von Spielzug-Alternativen durch und bestimmt dann, welche die günstigste ist. Die Strategie stammt von einem Programmierer, der selbst gut Schach spielt. Daß der Computer irgendwann seinen eigenen Schöpfer schlagen kann, liegt an seiner Geschwindigkeit – aber er tut die ganze Zeit nur, was ihm

explizit befohlen worden ist. Der Programmierer hat ein «Modell» dafür, wie man Schach spielt, in einen Algorithmus umgesetzt, also eine Folge von Rechenoperationen, und die Maschine arbeitet diesen Algorithmus Schritt für Schritt ab – blitzschnell und präzise.

In den Kinderjahren des modernen Computers, also in den Fünfzigern, begannen die Computertechniker von «Künstlicher Intelligenz» zu träumen. Der Begriff selbst wurde auf einem Seminar im Jahr 1956 geprägt, und schon bald waren spektakuläre Erfolge zu verbuchen: Computerprogramme, die dem Menschen auf Gebieten ebenbürtig oder gar überlegen waren, die bei uns zweifellos eine gewisse Intelligenz erfordern. Es gab ein unschlagbares Dame-Programm und eines, das Poker spielte. Ein Computer schaffte sogar einen Test für Mathematikstudenten des ersten Semesters am Massachusetts Institute of Technology (MIT), dem Mekka der KI-Forscher. Die Forscher glaubten, bis zur denkenden Maschine, zum intelligenten Roboter sei es nur noch ein kleiner Schritt. Marvin Minsky, der KI-Papst vom MIT, gab einem Studenten die Aufgabe, über die Semesterferien dem Computer das Sehen beizubringen. Es existiert bis heute kein Computer mit einem Sehvermögen, das einem Vergleich mit dem des Menschen standhielte.

Die euphorischen KI-Pioniere mußten plötzlich feststellen, wie schwierig die scheinbar «einfachen» Dinge waren (während sich viele «schwierige» Dinge als einfach erwiesen). Das Schachspiel, für den Menschen eine große geistige Herausforderung, beherrschen moderne Computer auf Großmeister-Niveau, weil es in eindeutige Rechenvorschriften zu fassen ist. Die Schwerpunkte der KI haben sich verlagert von hochgeistigen Problemen auf scheinbar primitive Prozeduren.

«Elefanten spielen kein Schach» lautete der Titel eines Aufsatzes, den der Roboterforscher Rodney Brooks veröffentlichte – Elefanten-, ja selbst Fliegenhirne sind zu Leistungen fähig, an denen jeder Computer bislang scheitert. Den «Volksroboter» als Haushaltshilfe gibt es vor allem deshalb noch nicht, weil er sich in einer unaufgeräumten Wohnung nicht ohne größere Katastrophen bewegen könnte. Wer heute eine Führung durch das KI-Laboratorium des MIT macht, der bekommt als neueste Errungenschaft einen kleinen Roboter präsentiert, der es tatsächlich schafft, Hindernissen auszuweichen – aber nur auf dem einheitlich braunen Teppichboden des Labors. Auf einem gefliesten Boden müßte der Roboter passen.

Die KI-Leute, die in der Pionierzeit das Blaue vom Himmel versprachen, sind also bescheidener geworden. Der Ansatz, die Welt möglichst genau zu verstehen und in ein exaktes mathematisches Modell zu gießen, hat sich als beschränkt erwiesen – weil viele Aspekte der Welt einfach zu kompliziert sind, um sie exakt zu beschreiben.

Selbst die Forscher am MIT setzen mehr und mehr auf «dumme» Computerprogramme, die eine bestimmte Spezialaufgabe, etwa das Erkennen eines Hindernisses, gut beherrschen, ohne über ein Weltmodell zu verfügen. Das Insektenhirn, das trotz seiner Winzigkeit Erstaunliches vollbringt, ist heute eher ein Vorbild der Forschung als der vermeintlich rationale, berechnende menschliche Geist.

Herkömmliche KI operiert mit der klassischen zweiwertigen Logik. Das Computerprogramm arbeitet ständig «Entscheidungsbäume» ab: Ist dieser Fleck in meinem Sichtfeld ein Hindernis – ja oder nein? Hat der Patient hohes Fieber – ja oder nein? Mit unscharfen Informationen haben die Programme Schwierigkeiten, allenfalls mit Wahrscheinlichkeiten können sie umgehen.

Es ist eine traurige Tatsache, daß die traditionelle KI sich immer noch gegen die «weichen» Computermethoden und insbesondere gegen die Fuzzy-Logik abschottet. Die offensichtlichen Erfolge «intelligenter» Fuzzy-Algorithmen werden meist mit der Haltung «Könnten wir auch, wenn wir wollten» zur Kenntnis genommen. Auf der amerikanischen «National Conference on Artificial Intelligence» 1993 beschäftigte sich ein einziger Vortrag mit Fuzzy-Logik – und der behauptete, sie widerlegen zu können. Der Artikel von Charles Elkan mit dem Titel «Der paradoxe Erfolg der Fuzzy-Logik» erhielt sogar einen Preis, obwohl der Autor offensichtlich einige grundlegende Konzepte der Fuzzy-Logik nicht verstanden hatte.

«Weiche» Rechenverfahren funktionieren ohne ein perfektes mathematisches Modell der Welt. Zwar geht auch das Fuzzy-Regelverfahren, das wir in Kapitel 8 kennengelernt haben, Schritt für Schritt nach einem bestimmten Muster vor, aber es ist in der Lage, unscharfe Vorgaben des Programmierers in exakte Daten umzusetzen. Mit einer Regel wie «Wenn der Kran noch weit vom Ziel entfernt ist, dann fahre mit voller Kraft» geben wir dem Computer eine ungefähre Angabe über ein System, dessen exakte Zusammenhänge wir nicht kennen.

Ein Fuzzy-System ist «blind» gegenüber dem Prozeß, den es steuert. Wenn es nicht durch einen Eingriff von außen verändert wird, dann wird es in alle Ewigkeit auf denselben Input dieselbe Reaktion hervorbringen. Es «weiß» nicht, ob es seine Aufgabe gut oder schlecht erfüllt, ob man die Regeln nicht vielleicht modifizieren sollte, um ein besseres Ergebnis zu erreichen. Neuronale Netze und Genetische Algorithmen dagegen sind lernfähig: Sie verändern sich ständig, je nachdem, wie gut ihr Output dem gewünschten Ergebnis entspricht, und werden dadurch immer besser.

Kein Wunder, daß sich die Fuzzy-Forscher in diesen Nachbargebieten umgesehen haben, um dem entscheidenden Nachteil der Fuzzy-Systeme zu begegnen: daß sie immer nur so gut sind wie die Regeln, die jemand sich ausgedacht hat. Einmal mit guten Regeln versehen, arbeiten Fuzzy-Systeme effektiv und zuverlässig. Wie schön wäre es, wenn ein Zusatzprogramm dafür sorgte, daß die Regeln immer besser werden – oder die Regeln überhaupt erst erzeugen würde.

Neuronale Netze sind ein Versuch, die Lernfähigkeit des menschlichen Gehirns nachzuahmen. Das Wort «nachahmen» ist allerdings mit Vorsicht zu genießen: Es geht nicht um einen «Nachbau» der anderthalb Pfund Nervenmasse in unserem Schädel, sondern um vernetzte Systeme, bei deren Entwicklung einige Prinzipien der Funktionsweise unseres Gehirns als Vorbild dienten. Neuronale Netze haben maximal ein paar tausend «Neuronen», während unser Gehirn über Billionen verfügt. Von den technischen Schwierigkeiten abgesehen, wüßte niemand, wie man ein so großes künstliches Netz zu verdrahten hätte und wie man ihm etwas beibringen kann. Die heutigen Neuronalen Netze als «künst-

liches Gehirn» zu bezeichnen ist genauso fehl am Platz wie das Wort «Elektronengehirn» für die Röhrenrechner der fünfziger Jahre.
Nachdem die klassische KI versucht hat, die «Funktionen» des Gehirns zu imitieren (oder das, was sie darunter verstand), werden Neuronale Netze mit dem Ziel entwickelt, die Struktur des Gehirns nachzubilden, beginnend mit seinen kleinsten Einheiten:

- Es gibt keinen zentralen Prozessor, der wie in einem herkömmlichen Rechner Bit für Bit arbeitet, sondern viele einzelne, meist recht primitive Prozessoren oder Neuronen, die gleichzeitig ihre Arbeit tun («hochgradig parallel», wie es im Jargon heißt).
- Die Neuronen tun nichts anderes, als über die Eingangsverbindungen eingehende Signale aufzusummieren und beim Erreichen eines bestimmten Schwellenwertes zu «feuern», das heißt ihrerseits ein Signal abzugeben.
- Informationen sind nicht in bestimmten Zellen gespeichert, sondern bestehen aus Mustern des gesamten Netzes – ein Neuron gehört also nicht zu einem diskreten Stück Information, sondern ist Teil von vielen Mustern.

Im Gegensatz zum Gehirn muß ein Neuronales Netz vollkommen dumm bei Null anfangen und aus Beispielen das gewünschte Verhalten erlernen. Menschenbabys können schon erstaunlich viel, wenn sie auf die Welt kommen – das Gehirn ist für viele Tätigkeiten schon vorstrukturiert. Wie man Neuronale Netze mit «Vorabinformation» versehen kann, ist ein wichtiges Forschungsgebiet – und unter anderem ist Fuzzy-Logik eine Möglichkeit, dem Netz die Struktur eines Problems «beizubringen».
Das Schema eines typischen Neuronalen Netzes sieht ungefähr so aus:

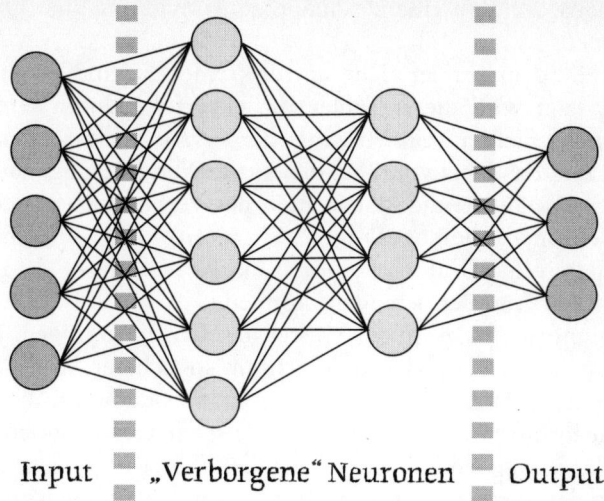

Input   „Verborgene" Neuronen   Output

Abb. 53

Nehmen wir an, die Aufgabe des Netzes sei es, geschriebene Zahlen zu entziffern. Dann wären etwa die Neuronen am Eingang die Zellen des CCD-Chips, des Bildwandlers einer elektronischen Kamera – der Input wäre also ein Bild (natürlich hat eine Kamera mehr Bildpunkte als die wenigen, die in dem Diagramm eingezeichnet sind). Der Output bestünde aus zehn Neuronen, die den Ziffern 0 bis 9 entsprechen. Dazwischen gibt es eine oder mehrere Ebenen von «verborgenen Neuronen». Deren Aufgabe ist es, Informationen weiterzugeben und Muster auszubilden. Grob gesagt: Je mehr Neuronen in den verborgenen Schichten vorhanden sind, um so mehr verschiedene Muster kann sich das Netz «merken».

Weil in unserem Beispiel jeweils alle Neuronen einer Ebene mit allen Neuronen der nächsten Ebene verbunden sind (das ist nicht immer so), wird das Netz in untrainiertem Zustand nichts Interessantes produzieren – schon ab Ebene 2 bekommen alle Neuronen den gleichen Input und produzieren deshalb auch den gleichen Output. Es kommt also kein differenziertes Ergebnis heraus, sondern eine gleichmäßige Aktivierung aller Output-Neuronen.

Das gefällt dem Trainer nicht, und er kreidet es dem Netz als Fehler an. Jetzt wird dieser Fehler zurückverfolgt durch sämtliche Neuronenschichten (ein Vorgang, der «error backpropagation» heißt), und das Netz vollführt die einzige Veränderung, zu der es fähig ist: Es ändert die «Gewichte» der Verbindungen zwischen den Neuronen, die sogenannten Synapsen. Diese sind nämlich keine passiven «Drähte», sondern aktive Leitungen, die ein Signal verstärken oder behindern können.

So beginnt sich langsam ein Muster im Netz einzuprägen. Je länger man es mit Beispielen trainiert, um so sicherer «erkennt» es diese Muster. Und irgendwann kann man es dann auf die Wirklichkeit loslassen und es mit neuen Beispielen konfrontieren, die es noch nie gesehen hat. In vielen Fällen (vorsichtig ausgedrückt) schafft das Netz es dann, auch diese unbekannten Muster zu identifizieren.

Neuronale Netze sind fehlertolerant – auch ein leicht verändertes Bild führt zum selben Output. Deshalb sind sie besonders gut zum Erkennen von Bildern geeignet. Handgeschriebene Buchstaben und Zahlen zum Beispiel sehen ja nie exakt gleich aus.

Aber noch sind selbst die besten Neuronalen Netze nicht einmal so komplex wie das Gehirn einer Küchenschabe. Mit der Größe der Netze wächst die notwendige Trainingszeit ins Unermeßliche. Und *was* das Netz dabei lernt, ist durchaus nicht immer klar. So berichtet der amerikanische KI-Kritiker Hubert Dreyfus von einem Neuronalen Netz, das lernen sollte, Panzer in einer Landschaft zu identifizieren. Man trainierte es mit Hilfe von Fotos, auf denen Bäume und Büsche zu sehen waren, mal mit Panzern, mal ohne. Das Netz lernte bald, diese beiden Fälle zu unterscheiden. Als man ihm daraufhin neue Fotos zeigte, die bei einer anderen Gelegenheit aufgenommen worden waren, versagte es allerdings komplett. Des Rätsels Lösung: Die ursprünglichen Bilder mit Panzern waren alle bei schönem Wetter aufgenommen worden, die Bilder ohne Panzer bei bedecktem Himmel. Das Netz hatte also lediglich gelernt, Bäume bei schönem und bei schlechtem Wetter zu unterscheiden.

Das Problem mit den Neuronalen Netzen ist also, daß sie nicht über «Konzepte» verfügen, sondern nur Ähnlichkeiten zwischen ausgewählten Mustern lernen. Die geschickte Auswahl dieser Muster ist entscheidend, und trotzdem lernt das Netz manchmal etwas ganz anderes, als der «Trainer» erwartet hat. Ein Neuronales Netz ist eine «black box» – es geht ein Input hinein, und ein Output kommt heraus, aber was dazwischen passiert, ist weitgehend unklar.

Deshalb stellen sie den Benutzer auch vor ein Dilemma: Werden sie mit zu wenigen Mustern trainiert, sind sie unzuverlässig (wie das Panzer-Beispiel zeigt), und benutzt man sehr viele Muster, werden sie langsam überflüssig – wenn die Muster alle möglichen Fälle von Input abdecken, dann kann man auch gleich eine Tabelle aufstellen, in der man die entsprechenden Output-Werte einfach nachschaut.

Auch Fuzzy-Systeme sind Verfahren, die eine mathematisch nicht bekannte Funktion zwischen Input und Output abschätzen sollen. Im Gegensatz zu Neuronalen Netzen stellen sie allerdings strukturiertes Wissen dar: Sie verfügen über Begriffe (nämlich die Fuzzy-Mengen und ihre Zugehörigkeitsfunktionen), zwischen denen sie über die Fuzzy-Regeln Verknüpfungen herstellen. Zu jeder Zeit läßt sich anhand der Regeln feststellen, was in einem Fuzzy-System vorgeht.

Ihr Nachteil ist, wie wir schon gesehen haben, daß die Regeln und Begriffe irgendwie «vom Himmel fallen» müssen – bisher brauchten wir immer einen Experten, der in der Lage ist, seine Kenntnisse und Fähigkeiten in Regeln umzusetzen. Außerdem sind Fuzzy-Systeme stur und können sich nicht an wechselnde Verhältnisse anpassen. Es liegt also nahe zu versuchen, die Vorteile dieser beiden Versionen von «soft computing» miteinander zu kombinieren: ein Fuzzy-System als «begrifflicher Rahmen», das durch ein lernfähiges Neuronales Netz eingestellt und optimiert wird.

Es gibt in einem typischen Fuzzy-Controller, wie wir ihn in Kapitel 8 kennengelernt haben, mehrere Möglichkeiten, «adaptive Veränderungen» vorzunehmen:

- Die Kurven der Fuzzy-Begriffe haben eine Auswirkung auf das Verhalten des Systems: Dort, wo besonders fein geregelt werden muß, sollten die Dreiecke besonders schmal und spitz sein – so kann man spezielle Regeln für ganz spezielle Bereiche festlegen.
- Die Auswahl der Regeln läßt sich automatisieren, ebenso wie die Verteilung der Gewichte für die einzelnen Regeln: Man nimmt zu Beginn einfach alle Regeln an, die überhaupt möglich sind, und gibt ihnen das Gewicht null. Das Neuronale Netz ändert dann die Werte entsprechend ab.

Das ist natürlich alles viel zu abstrakt. Die Zeit ist also reif für ein Beispiel. Und als Beispiel wählen wir eine der Ikonen der Fuzzy-Forscher, eine Art Lackmustest für jegliche Regelverfahren: der Balanceakt auf dem invertierten Pendel.

«Bitte keine invertierten Pendel!» heißt es schon bei vielen Fuzzy-Kongressen, eben weil das Beispiel so strapaziert worden ist. Als Lehrbeispiel ist es aber immer noch eines der anschaulichsten und schönsten.

Das invertierte Pendel ist eine Stange, die an einem Gelenk auf einem kleinen Wagen montiert ist und sich nur nach vorn und hinten bewegen kann. Der Wagen kann auf einer Schienenstrecke vorwärts und rückwärts fahren (Abb. 54). Oben an der Stange ist meist eine kleine Plattform befestigt, auf der man etwas abstellen kann. Gern wird dazu ein Rotweinglas verwendet – das macht die ganze Sache spannender, wohl weil Rotwein so häßliche Flecken verursacht.

In manchen Versuchen wird auch eine Maus oben drauf gesetzt. Weil die Maus sich im Gegensatz zum Rotweinglas bewegen kann, ist das schon ein schwierigeres Problem – ständig ändert sich der Schwerpunkt der Konstruktion, und das System muß nachregeln. Es gibt auch invertierte Doppelpendel, bei denen der Stab noch ein Gelenk in der Mitte hat, und der japanische Fuzzy-Forscher Takeshi Yamakawa soll es schon geschafft haben, ein Dreifachpendel mit Fuzzy-Logik zu balancieren.

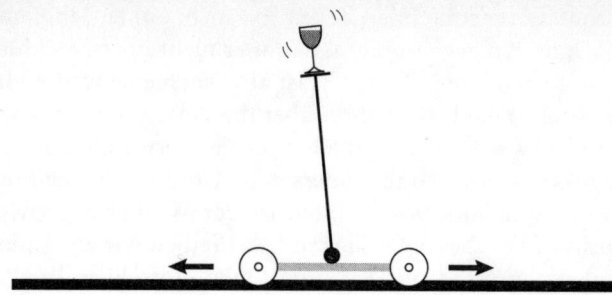

Abb. 54

Das Pendel erfreut sich aus mehreren Gründen einer so großen Beliebtheit: Der Versuch ist sehr einfach zu verstehen. Es geht um ein Kunststück, das auch Menschen vorführen können. Für die Fuzzy-Forscher ist es wichtig, daß sie die Gleichungen, nach denen sich ein Pendel bewegt, sehr genau kennen (es ist ein «deterministisches, nichtlineares dynamisches System», das zwei wohlbekannten Differentialgleichungen gehorcht). Sie können also den Versuch im Computer simulieren und sehen, welche Auswirkungen die Fuzzy-Steuerung hat – das geht schnell, leicht und ohne Scherben und Rotweinflecken.

Wir Menschen sind sehr gut im Balancieren von Besenstielen – so gut, daß die meisten von uns es sogar mit verbundenen Augen können. Das bedeutet, daß der Druck, den das Ende des Stiels auf unsere Hand ausübt, uns schon genügend Informationen liefert, um den Stab im Gleichgewicht zu halten. Aber können wir die Regeln, nach denen wir das tun, in Worte fassen?

Welche Größen sind es überhaupt, die beim Balanceakt eine Rolle spielen? Am wichtigsten ist natürlich die Schräglage des Stabs – je schräger, desto gefährlicher, wir müssen diese Abweichung von der Senkrechten ausgleichen. Aber reicht das aus? Wenn der Stab ein paar Grad von der Senkrechten nach vorn geneigt ist, dann kann das mehrere Gründe haben: Entweder er beginnt gerade zu kippen – dann muß sofort nach vorn gegengesteuert werden –, oder aber er ist nach einer Steueraktion auf dem Weg zurück ins

rechte Lot – dann sollte man besser gar nichts unternehmen oder sogar nach hinten gegensteuern, damit er nicht übers Ziel hinausschießt und nach hinten kippt. Es ist also noch eine weitere Information nötig – eine Information über die Bewegung des Stabs.
Drei Größen werden zur Pendelsteuerung verwendet: Der Ausschlagwinkel wird in Grad gemessen (0 Grad ist die Senkrechte, bei einer Abweichung nach hinten ist der Winkel negativ, nach vorn positiv). Die Geschwindigkeit beschreiben wir als Änderung des Winkels, in Grad pro Sekunde (dabei gilt ebenfalls: Pendel nach hinten – Geschwindigkeit negativ, Pendel nach vorn – Geschwindigkeit positiv). Die Steuerung erfolgt über die Kraft, die auf den Wagen ausgeübt wird. Die Regeln für das Fuzzy-System wollen wir «automatisch» erzeugen, mit Hilfe eines Neuronalen Netzes.
Nehmen wir erst einmal an, wir hätten eine Expertin, die das Pendel stabilisieren kann. Das kann ein Mensch sein, aber auch ein Computersystem. Die Expertin ist geschickt, aber stumm: Sie kann uns ihre Regeln nicht mitteilen. Wir wollen die Regeln herausbekommen, indem wir der Expertin «über die Schulter schauen».
Wir beginnen also, Daten zu sammeln: Zu verschiedenen Zeitpunkten registrieren wir den Input (also Winkel und Winkelgeschwindigkeit des Pendels) und den Output der Expertin (also die Kraft, die auf den Wagen ausgeübt wird). Jeder Meßwert ist ein Punkt in einem dreidimensionalen Raum. Wir messen die Aktionen unserer Expertin unter verschiedenen Bedingungen (nicht etwa nur dann, wenn das Pendel gerade und ruhig steht – dann käme ja auch immer dieselbe Reaktion dabei heraus). Die Meßpunkte sind nicht etwa beliebig im Raum verteilt, sondern konzentrieren sich auf bestimmte Bereiche, sie bilden «Wolken» – Fuzzy-Wolken. Jede Wolke soll später eine Regel bilden. In einem zweidimensionalen Fall könnte ein solches Diagramm etwa so aussehen:

Neuro-fuzzy: ein System lernt 139

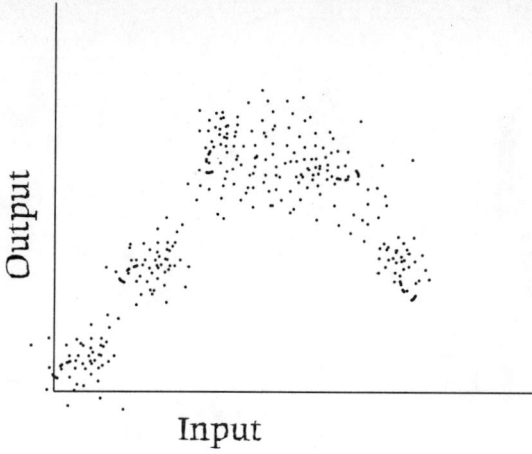

Abb. 55

Mit geübtem Auge könnten wir jetzt vielleicht schon selbst die Regeln ablesen, aber das Ganze soll von einem Neuronalen Netz automatisch erledigt werden. Das Verfahren stammt von Bart Kosko: Eine Menge von Neuronen (es können einige hundert sein), repräsentiert zunächst willkürliche Werte, die beliebig über den Raum verteilt sind. Kosko nennt sie «adaptive vector quantizers» oder AVQs (er liebt dreibuchstabige Abkürzungen). Sobald ein neuer Meßwert eintrifft, «konkurrieren» die AVQs darum, wer am nächsten an dem Punkt liegt. Der «Gewinner» paßt seine Synapsen ein wenig dem neuen Datenpunkt an, er bewegt sich sozusagen auf ihn zu. Im Laufe der Zeit treffen immer mehr Meßwerte ein, aber die Zahl der AVQs bleibt gleich. Schließlich repräsentieren sie die Fuzzy-Wolken, und je mehr AVQ-Punkte sich in einer solchen Wolke befinden, um so wichtiger ist die Regel, die daraus entsteht (Abb. 56).

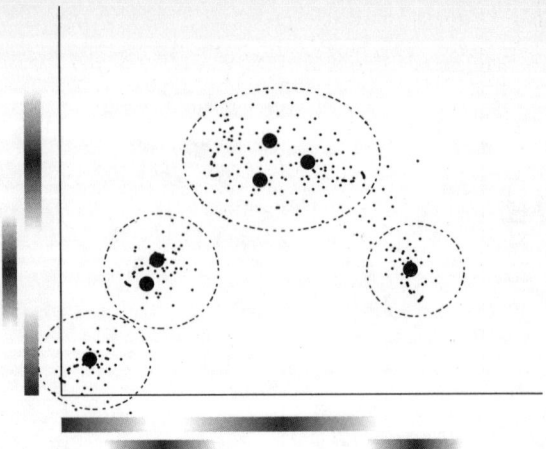

Abb. 56

Aus dem Ergebnis dieses «Clustering»-Prozesses lassen sich sowohl die Fuzzy-Mengen als auch die Regeln und ihre Gewichte bilden: Die dicken AVQ-Punkte werden auf die einzelnen Achsen projiziert und stellen sozusagen die Scheitelpunkte der Fuzzy-Mengen dar. Je mehr AVQ-Punkte «zusammenklumpen», um so wichtiger ist die entsprechende Regel.

Koskos Verfahren funktioniert natürlich nur, wenn Daten zur Verfügung stehen, die von einer mehr oder weniger geschickten Expertin geliefert werden. Es gibt aber auch andere Neuro-Fuzzy-Verfahren, die ein invertiertes Pendel stabilisieren, ohne daß man es ihnen vormacht. Sie «wissen» lediglich, daß die erwünschte Position die Senkrechte ist.

Das vielleicht effektivste dieser Verfahren stammt von Jyh-Shing Jang, Kollege von Lotfi Zadeh an der University of California in Berkeley/Kalifornien. Seine Fuzzy-Steuerung kommt mit ganzen vier Regeln aus.

Um sich auf vier Regeln zu beschränken, hat Jang sowohl Winkel als auch Winkelgeschwindigkeit nur mit jeweils zwei Fuzzy-Begriffen («zurück» und «vor») abgedeckt, deren Kurven er recht willkürlich auswählte. Das ergibt vier mögliche Fuzzy-Regeln, die zu Beginn alle auf null gesetzt wurden: «Wenn die Abweichung nach hinten weist und die Winkelgeschwindigkeit nach vorn, dann setze die Kraft gleich 0» – und so weiter, für alle Kombinationen für zurück und vor. Das Pendel wurde jeweils aus einer Schräglage von 10 Grad nach hinten oder vorn gestartet und kippte im ersten Durchgang natürlich prompt um. Per «errorbackpropagation» justierte dann ein Neuronales Netz die Werte für die Zugehörigkeitsfunktionen sowie die resultierende Kraft. Und schon beim zweitenmal schaffte es das Netz, das Pendel in der Schwebe zu halten. Nach insgesamt zehn Durchgängen war die Bewegung hinreichend «weich» und stabil.

Besonders frappierend war, was das Netz mit den Zugehörigkeitsfunktionen der Fuzzy-Mengen anstellte. Jang hatte die Fuzzy-Kurven zunächst ganz «normal» gewählt, breite Bereiche mit genügend Überlappung (Abb. 57a). Das Netz dagegen machte daraus etwas ganz anderes (Abb. 57b).

Die Bereiche für die Mengen «Winkel in Rückwärtsrichtung» und «Winkel in Vorwärtsrichtung» sind also zu extrem schmalen Zacken geworden, die sich überhaupt nicht mehr überlappen, während die Geschwindigkeitsmengen in die Breite gezogen wurden. Das hat mit unserer intuitiven Vorstellung von Fuzzy-Mengen nicht mehr viel zu tun – aber es funktioniert.

Eine andere Form des «weichen Rechnens» sind die sogenannten Genetischen Algorithmen. Auch sie sind ein Versuch, «natürliche» Verfahren in Rechenalgorithmen umzusetzen – diesmal geht es darum, die Evolution nachzuahmen, um eine möglichst optimale Lösung für ein Problem zu finden. Eine «Population» von «Chromosomen» entwickelt sich durch Selektion, Reproduktion und Mutation über mehrere Generationen. So wie die Natur im Laufe der Evolution sehr gut angepaßte Organismen für die verschiedenen ökologischen Nischen hervorgebracht hat, sollen die Genetischen Algorithmen schlechte oder zufällig gewählte Problemlösungen verbessern – um es gleich für unsere Zwecke zu formulieren: aus einem willkürlich konfigurierten Fuzzy-System ein gutes Fuzzy-System machen.

Auch bei den Genetischen Algorithmen besteht die Gefahr, zu sehr in «natürlichen» Metaphern zu schwelgen. Deshalb schauen

142 Hartes Rechnen, weiches Rechnen

Winkel — Winkelgeschwindigkeit

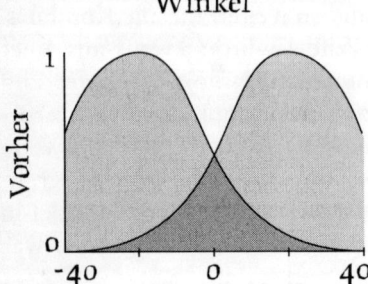
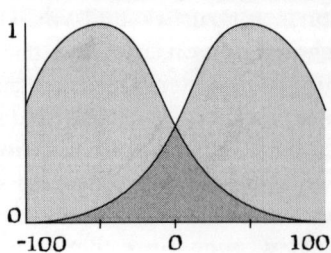

Abb. 57 a

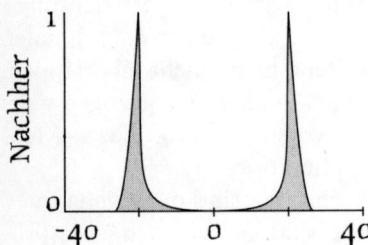
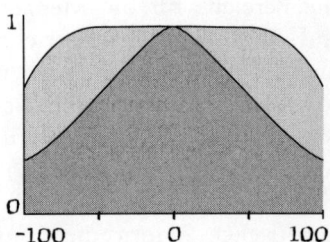

Abb. 57 b

wir uns lieber gleich ein konkretes Beispiel an, das von dem Amerikaner David Feldman stammt. Es soll ein Fuzzy-System entwickelt werden, das einen Wagen auf einer Schienenstrecke an einem bestimmten Punkt zum Halten bringt (also eine vereinfachte Version unseres Kran-Beispiels aus Kapitel 8). Die Eingangsvariablen sind Position und Geschwindigkeit des Wagens, die Ausgangsvariable ist die Kraft, die wir auf den Wagen ausüben.

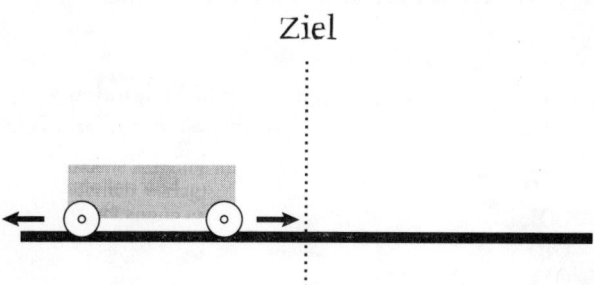

Abb. 58

Mit Genetischen Algorithmen kann man, ähnlich wie mit Neuronalen Netzen, alle variablen Größen eines Fuzzy-Systems verändern. Wir wollen aber der Einfachheit halber die Fuzzy-Mengen als definiert ansehen und nur die Regeln verändern und ihnen Gewichte geben.
Alle drei Variablen, also Position, Geschwindigkeit und Kraft, seien also in jeweils fünf festen Fuzzy-Mengen ausgedrückt («negativ groß», «negativ klein», «null», «positiv klein», «positiv groß», abgekürzt NG, NK, NU, PK, PG). Wir legen am Anfang fest, daß wir zehn Regeln erhalten wollen. Das ist nötig, wie wir gleich sehen werden, damit alle Chromosomen dieselbe Länge haben. Denn jetzt geht es darum, die Regeln als «Erbgut» zu kodieren, als eine Folge von Nullen und Einsen.

Eine typische Regel unseres Fuzzy-Systems hat die Form

> **Wenn die Position x ist und die Geschwindigkeit y,
> dann setze die Kraft gleich z (Gewicht w).**

Für x, y und z kommen die Fuzzy-Werte NG bis NK in Frage, und für w sollen acht verschiedene Werte zwischen 0 und 7 möglich sein. Für die Regel können wir also kurz schreiben

R = (x, y, z, w)

Jetzt setzen wir die Fuzzy-Mengen in einen digitalen genetischen Code um. Für fünf Fuzzy-Variablen brauchen wir drei Bit:

NG = 000
NK = 001
NU = 010
PK = 011
PG = 100

Es bleiben drei Kombinationen frei (101, 110 und 111), denen wir die Bedeutung «unbesetzt» geben – in diesem Fall spielt die entsprechende Variable für die Regel keine Rolle.

Das Gewicht w wird ebenfalls mit drei Bit kodiert, entsprechend der binären Schreibweise für die Zahlen 0 bis 7:

0 = 000   4 = 100
1 = 001   5 = 101
2 = 010   6 = 110
3 = 011   7 = 111

Die Regel «Wenn die Position negativ groß ist und die Geschwindigkeit null, dann setze die Kraft gleich positiv groß (Gewicht 7)» sähe also so aus:

000|010|100|111
 x   y   z   w

Genetischer Algorithmus und Fuzzy-Logik 145

Die Striche dienen dabei nur zur Verdeutlichung; für den Genetischen Algorithmus ist das Ganze eine sinnlose Folge von Nullen und Einsen.

Das Fuzzy-System soll aus zehn Regeln bestehen, deshalb besteht ein Chromosom aus einer Folge von 10 mal 12, also 120 Ziffern. So könnte es aussehen:

```
101011000111111000101011001110100101001 1
000101100111111101000001011001111 1000010
010010111011101110011100010101001 1101001
```

(Wenn Sie Lust haben, können Sie versuchen, aus diesen Ziffern die zehn Regeln zu rekonstruieren. Es ist übrigens das optimale System, das von Feldmans Algorithmus errechnet wurde!)

Ein Genetischer Algorithmus funktioniert nun folgendermaßen: Es wird eine Anfangspopulation von (in diesem Fall) 32 Chromosomen mit je 120 Nullen und Einsen gebildet – vollkommen zufällig. Diesen Chromosomen entsprechen 32 Fuzzy-Systeme, die wahrscheinlich alle nicht besonders gut sind. Was heißt hier gut? Jedes der Chromosomen wird 25mal aus verschiedenen Anfangspositionen auf das Versuchsgefährt (beziehungsweise eine Computersimulation davon) «losgelassen», und seine «Qualität» besteht in der Zeit, die es braucht, um den Wagen in der Nullposition zum Halten zu bringen.*

Diesen Zahlenwert nennt man auch die «Fitness-Funktion», und sie ist die Grundlage für den nächsten Schritt, die Selektion.

Jetzt wird nämlich brutal aussortiert in unserem Chromosomen-Zoo. Beim Übergang zur nächsten Generation werden die Überlebenschancen entsprechend der Fitness-Funktion verteilt – es sind also nachher mehrere Exemplare der «guten» Chromosomen übrig, während die «schlechten» aussterben. Das ganze muß man sich wie eine Lotterie vorstellen, bei der die guten Chromo-

---

* Zusätzlich floß in die Bewertung ein, ob das System *nach* dem Erreichen des Ziels stabil blieb oder anfing zu oszillieren oder sich gar wieder vom Ziel fortbewegte.

somen mehr Lose haben – trotzdem können durchaus ein paar «Nieten» überleben.

Bisher haben wir nur die besten von vielen schlechten Chromosomen belohnt – jetzt geht es ans Paaren, um Nachkommen zu erzeugen, die eventuell wirklich besser sind. Und das funktioniert so:

Mit einer vorher bestimmten Wahrscheinlichkeit werden jeweils zwei Chromosomen ausgewählt und an einer ebenfalls zufällig bestimmten Stelle gekreuzt. Veranschaulichen wir uns das an einem Beispiel: Wir kreuzen zwei Chromosomen A und B von jeweils acht Ziffern an der dritten Stelle und erhalten neue Chromosomen A' und B':

Der «Schnitt» kann an jeder beliebigen Stelle erfolgen – der Algorithmus hat keine Ahnung, wofür die Ziffern stehen, er geht vollkommen blind vor.

In Genetischen Algorithmen kann es, ganz wie im richtigen Leben, auch zu «Mutationen» kommen – in einem Chromosom springt plötzlich eine Null in eine Eins um, entsprechend einer ebenfalls vorher eingestellten Wahrscheinlichkeit. Allerdings hat es sich als zweckmäßig erwiesen, diesen Mutationsanteil klein zu halten – so daß nur etwa jedes tausendste Chromosom mutiert. Denn im Gegensatz zu einer landläufigen Vorstellung sind Mutationen nicht die treibende Kraft der Evolution! «Vielleicht ist dies das Resultat zu vieler B-Movies über mutierte Auberginen, die große Teile von Tokio oder Chicago vertilgen», meint David Goldberg, der ein Standardbuch über Genetische Algorithmen geschrieben hat. Mutationen seien eher «eine Versicherungspolice gegen den vorzeitigen Verlust wichtiger Merkmale» – sie sorgen dafür, daß die Entwicklung nicht in eine Sackgasse gerät. Mutationen führen neues «Erbgut» in den Prozeß ein, das entweder am Anfang nicht vorhanden war oder bereits durch Selektion weggefallen ist.

Man kann sich die Suche nach einem Optimum vorstellen wie eine Kugel, die auf einer hügeligen Landschaft umherrollt und in einem möglichst tiefen Tal landen soll. Selektion und Reproduktion sorgen dafür, daß eine Kugel lokal immer tiefer rollt, während die Mutationen sie «springen» lassen, um auch bisher unbekanntes Terrain zu erkunden.

Nach Selektion, Reproduktion und eventueller Mutation ist eine neue Generation von wiederum 32 Chromosomen komplett. Der Prozeß beginnt von vorn, und langsam, aber sicher werden die Chromosomen immer besser. Im Falle von Feldmans Algorithmus war nach fünfzig Generationen ein Chromosom wie das oben angegebene das «fitteste». Wenn man sich die zehn Regeln, die es enthält, genau ansieht, stellt man fest, daß vier von ihnen für z den Wert «unbesetzt» haben, also folgenlos sind. Die können wir beruhigt streichen, und es bleibt ein System von sechs Regeln, das den Wagen tatsächlich gut und zuverlässig steuert.

Genetische Algorithmen sind also auch ein geeignetes Verfahren, Fuzzy-Regeln «aus dem Nichts» aufzustellen. Sie sind nichtdeterministisch, weil alle Schritte des Verfahrens vom Zufall abhängen. Verschiedene «Durchläufe» führen also im allgemeinen zu verschiedenen Ergebnissen.

Auch wenn sie zu guten Ergebnissen führen – Genetische Algorithmen sind sehr rechenaufwendig. In unserem Beispiel hatten wir fünfzig Generationen von je 32 Chromosomen, die jeweils in 25 «Testläufen» ihre Fitness unter Beweis stellen mußten. Man stelle sich vor, das zu steuernde System wäre nicht als Computersimulation verfügbar (und das ist ja der Normalfall) – dann ist der Trainingsaufwand bald unverhältnismäßig hoch.

Und natürlich muß auch bei Genetischen Algorithmen vor übereilten Gleichsetzungen mit der «wirklichen» Natur gewarnt werden. Sie ahmen ein paar erfolgreiche Strategien der Evolution nach, aber sie unterscheiden sich von der Art und Weise, wie sich lebendige Organismen weiterentwickeln. Bei Genetischen Algorithmen gibt es eine Zielfunktion, ein im voraus festgelegtes Optimum, das erreicht werden soll – das ist in der Natur anders.

Das Leben hat kein Ziel, keine «Fitness-Funktion», die es zu optimieren gilt. Wer die besten Überlebenschancen hat, das entscheidet sich in einer sich verändernden Umwelt immer wieder von neuem.

Der Boom

> *Eine neue wissenschaftliche Wahrheit
> pflegt sich nicht in der Weise
> durchzusetzen, daß ihre Gegner überzeugt
> werden und sich als belehrt erklären,
> sondern vielmehr dadurch, daß die
> Gegner allmählich aussterben und die
> heranwachsende Generation
> von vornherein mit der Wahrheit
> vertraut gemacht ist.*
> Max Planck

Die Anfänge der Fuzzy-Logik lagen in Amerika. Die ersten Anwendungen für Fuzzy Control in Industrieanlagen wurden in Europa entwickelt. Aber die explosionsartige Ausbreitung der Fuzzy-Idee begann damit, daß japanische Ingenieure Fuzzy-Chips in Geräte einbauten, die Konsumenten täglich benutzen: Staubsauger, Videokameras, Waschmaschinen, Reiskocher. Ende der achtziger Jahre wurde Fuzzy (oder «faaji») zu einem Modewort in Japan, Synonym für intelligente Technik und Innovation. Fernsehdiskussionen zur Prime Time beschäftigten sich mit der neuen Logik, und offenbar war es in Asien leichter, die Botschaft von graduellen Wahrheiten, scheinbaren Widersprüchen und unscharfen Mengen an den Mann und die Frau zu bringen.

Es ist viel darüber geschrieben worden, daß der Fuzzy-Gedanke der traditionellen Denkweise in Asien mehr entspreche als dem rationalen Schwarzweißdenken der westlichen Zivilisation. Bart Kosko baut ein ganzes Buch auf dem Gegensatz zwischen Aristoteles und Buddha auf. Für ihn manifestiert sich in der Auseinandersetzung um Fuzzy-Logik ein «Zusammenstoß von westlichen und östlichen Glaubenssystemen auf der technischen Ebene»:
«Die alte Geschichte der Fuzzigkeit reduziert sich auf die Logik

des Westens und die des Ostens. Im Westen gab uns Aristoteles die binäre Logik und einen großen Teil unserer heutigen wissenschaftlichen Weltsicht... Im Gegensatz dazu waren die Geistesgrößen des Ostens Mystiker. Sie nahmen Doppeldeutigkeiten und Vagheiten hin und förderten sie sogar manchmal. Buddha verwarf die schwarzweiße Welt der Wörter auf seinem Weg zur spirituellen oder seelischen Erleuchtung, während Laotse uns das Tao gab und sein Ying-Yang-Emblem aus Gegenstücken, das sowohl Ding als auch Nichtding war, sowohl A als auch Nicht-A. Die Geschichte hätte ganz anders verlaufen können, wenn Buddha und Laotse die Mathematik und Logik der alten Griechen studiert hätten.»
Aber ist Fuzzy-Logik wirklich die technische Umsetzung von buddhistischen Koans in technische Schaltkreise? Warum kam die entscheidende Idee von einem zwar in Asien geborenen, aber in der Tradition westlicher Ingenieurskunst ausgebildeten Forscher? Es sind einige Zweifel erlaubt an der einfachen Gleichsetzung von Fuzzy-Logik und östlicher Philosophie.
Die Fuzzy-Theorie basiert auf der Mathematik, die im Abendland entwickelt wurde. Sie ist eine begriffliche Erweiterung der Mengenlehre von Georg Cantor, und insbesondere baut sie auf dem Cantorschen Begriff des Kontinuums auf, verkörpert in dem Intervall [0,1], mit dem jede Fuzzy-Menge beschrieben wird. Dieses Kontinuum ist ein Produkt der westlichen Kultur – die Vorstellung, daß die Zahlengerade, aber auch Raum und Zeit homogen im Großen wie im Kleinen sind, daß es auch im kleinsten Maßstab keine «Sprünge» gibt. Fuzzy-Logik ist in gewisser Weise eine Anpassung der bislang «diskreten», also aus einzelnen, nicht miteinander verbundenen Werten bestehenden Logik an diese Idee des stetigen Kontinuums. Damit wird sie zugänglich für das Handwerkszeug der Analysis, die sich mit stetigen Funktionen beschäftigt – eine der Grundsäulen rationaler westlicher Mathematik.
Darauf weist der Mathematiker Bernd Demant in seinem Buch hin: «Was man auch immer über die Fuzzy-Theorie hinsichtlich ihrer grundsätzlichen Nähe zu fernöstlichen Denkstrukturen spekulieren mag, sie basiert auf dem abendländischen Konstrukt des

Kontinuums. Sie findet im fernen Osten ihre besonders fähigen Adepten in den längst von abendländischen Wissenschaftstraditionen überwältigten Wissenschaftlern und besonders – den Ingenieuren.»

Und so ist vielleicht der größte Teil des Fuzzy-Booms in Asien weniger auf die Aristoteles/Buddha-Geschichte zurückzuführen als vielmehr auf ein anderes Muster, das in den letzten Jahrzehnten des öfteren zu beobachten war: die findige Übernahme westlicher Denkanstöße durch japanische Ingenieure und die schnelle und effektive Umsetzung in Produkte, mit denen sich Geld verdienen läßt. Videorecorder, Faxgeräte und LCD-Bildschirme sind europäische oder amerikanische Entwicklungen, aber in Japan wurden sie zur Marktreife entwickelt und zu einem erschwinglichen Massenprodukt gemacht. Der Fuzzy-Gedanke fiel in Japan vor allem deshalb auf fruchtbaren Boden, weil die Ingenieure dort erkannten, was die Europäer und Amerikaner übersehen hatten oder nicht sehen wollten: daß Fuzzy-Technik eine genial einfache Methode ist, «Intelligenz» in Maschinen zu programmieren. Und einfach heißt natürlich auch billig.

Während amerikanische Firmen noch heute damit hadern, ob sie ihren Kunden eine Fuzzy-Autofokuskamera zumuten können («Scharfe Bilder durch unscharfe Logik?»), gingen die Japaner auf ihre im Westen so gefürchtete Art und Weise an die neue Technik heran: 1989 und 1990 wurden zwei Fuzzy-Forschungsinstitute gegründet (LIFE und FLSI), die mit Millionenbudgets aus der Wirtschaft und vom Industrieministerium MITI die Fuzzy-Forschung vorantreiben.

Das jüngste Erfolg der japanischen Fuzzy-Forscher: Im Frühjahr 1994 konnte Michio Sugeno vom Tokyo Institute of Technology erfolgreich ein Fuzzy-System demonstrieren, das einen handelsüblichen unbemannten Helikopter nur aufgrund von Sprachkommandos wie «auf/ab», «links/rechts», «vorwärts/rückwärts», «schweben» steuern kann – ein hochkompliziertes Steuerproblem, das wohl endgültig beweist, daß Fuzzy-Logik sich nicht nur mit trivialen Laborproblemen beschäftigt.

Eine der ersten Fuzzy-Anwendungen, die auch im Westen Furore machte, war die von der Firma Matsushita entwickelte Anti-Verwackel-Automatik für Videokameras. Wie fast alle zur Zeit auf den Markt drängenden Fuzzy-Produkte funktioniert auch sie nach dem Fuzzy-Control-Schema, das wir in Kapitel 8 kennengelernt haben.

Das Herzstück moderner Videokameras ist ein sogenannter CCD-Chip – ein kleines, rechteckiges Halbleiterplättchen, das aus einem Raster von Tausenden lichtempfindlicher Punkte («Pixel») besteht. Auf diesen Chip wird das Bild projiziert, das durch das Objektiv der Kamera einfällt, und in elektrische Signale umgesetzt.

Die Fuzzy-Kamera gleicht ein mögliches Verwackeln aus, indem sie sozusagen «elektronisch gegenwackelt». Dazu benutzt sie (bei eingeschalteter Automatik) nur einen Ausschnitt von 87 Prozent der aufgezeichneten Bildpunkte. So ist noch genug «Luft», um beim Verwackeln den Ausschnitt entsprechend zu verschieben: Wackelt der Hobby-Kameramann ein wenig nach rechts, verschiebt sich der Ausschnitt ein bißchen nach links (Abb. 59)

Wie erkennt die Elektronik aber ein Verwackeln? Abgesehen davon, daß sich in den meisten Szenen sowieso alles mögliche bewegt, muß die Schaltung auch einen gewollten Schwenk von einem Wackler unterscheiden.

Das Fuzzy-System betrachtet dazu nicht das gesamte Bild, sondern nur vier Meßfelder in den Ecken des Bildausschnitts. Jede Bewegung der Kamera führt auch zu einer Bewegung in den vier Meßfeldern – und zwar zu einer Bewegung, die für alle Felder gleich groß ist und die gleiche Richtung hat. Fliegt dagegen nur ein Vogel durch eine Ecke des Bildes, registriert nur eines der Felder eine Bewegung, und die Kamera erkennt kein Verwackeln. Schwenkt der Benutzer die Kamera vorsätzlich, so entsteht eine sehr große Bewegung – ebenfalls kein Anlaß zum Nachregeln.

Aufgrund von Fuzzy-Regeln stellt das System ein «Vertrauensmaß» für das Verwackeln auf: Wenn die Bewegung hinreichend gleichförmig und nicht zu extrem ist, kommt ein entsprechend hohes Vertrauensmaß heraus; die Elektronik entscheidet sich für eine Korrektur und versucht, den Bildinhalt möglichst konstant zu halten.

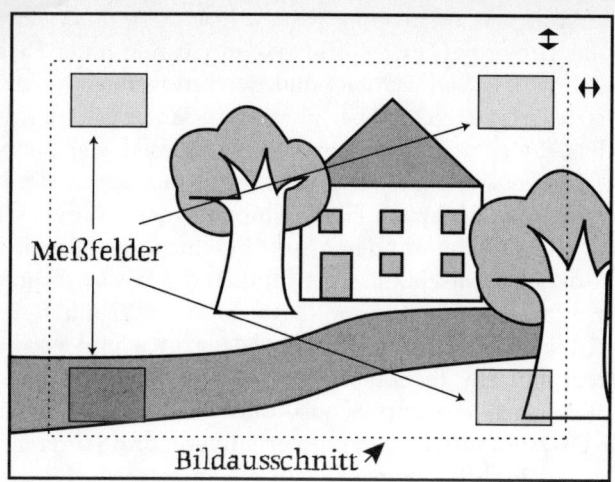

Abb. 59

Haushaltsgeräte und Unterhaltungselektronik waren für japanische Firmen sozusagen eine natürliche Anwendung für Fuzzy-Logik: Auf diesem Gebiet haben sie eine dominierende Marktposition. Und Haushaltsgeräte verlangen keine hohe Präzision: Es macht keinen Unterschied, ob ein Kühlschrank eine Temperatur von 7 oder 6,95 Grad hat. Entscheidend ist die Benutzerfreundlichkeit. In Japan gibt es bereits die Ein-Knopf-Waschmaschine, die automatisch das richtige Waschprogramm wählt. Und natürlich arbeitet sie fuzzy.
In Deutschland erreichte Fuzzy-Logik die Öffentlichkeit erst auf Umwegen. Dabei stammt einer der Fuzzy-Pioniere aus Deutschland: Hans-Jürgen Zimmermann, der an der TH Aachen lehrt. Seit 1972 beschäftigt er sich mit Fuzzy-Logik. Zimmermanns Hausdisziplin ist «Operations Research», eine Zwitterwissenschaft zwischen Mathematik und Ökonomie. Seine ersten Anwendungen zielten daher auch nicht auf Produkte, sondern auf wirtschaftliche Fragen: Er entwickelte 1977 ein Fuzzy-Expertensystem mit dem Namen «ASK», das unter anderem die Kreditwürdigkeit von Kunden analysieren sollte.

Zimmermann war es, der die erste europäische Fuzzy-Arbeitsgruppe ins Leben rief. Er gehörte zu den Gründern der Fachzeitschrift *Fuzzy Sets and Systems* und der International Fuzzy Systems Association (IFSA). Aber parallel zu seiner internationalen Arbeit bastelte er ständig an seinem kleinen Aachener Fuzzy-Imperium: Neben seiner Universitätstätigkeit betreibt er die Firma Inform, die einen der ersten Fuzzy-Chips sowie die Entwicklungssoftware «fuzzyTech» auf den Markt brachte. Zimmermann war es auch, der in Deutschland unermüdlich die Werbetrommel für Fuzzy rührte, und Ende 1990 hatte er damit endlich Erfolg: Einige Titelgeschichten in Manager-Magazinen und Fernsehberichte über die neue Technik mit dem seltsamen Namen brachten einen plötzlichen Publicity-Schub, und Unternehmen begannen sich für Fuzzy zu interessieren. Innerhalb von drei Jahren machte Fuzzy in der Industrie Furore – auf einem Seminar 1993 waren bereits zweihundert Firmen vertreten, die nicht etwa wissen wollten, was Fuzzy-Logik ist, sondern die mit eigenen Produkten aufwarten konnten.

Die deutschen Fuzzy-Produkte sind meist nicht so aufsehenerregend wie der akkubetriebene japanische Staubsauger, der selbsttätig saugend durch die Wohnung pirscht und sich dann zum «Auftanken» wieder an die Steckdose anschließt. Es sind meistens Softwarelösungen für Steuerprozesse in der Industrie, aber auch im Haushalt. So gibt es etwa eine Fuzzy-Heizungsregelung der Firma Viessmann, die ohne Außentemperaturfühler allein aufgrund des Energiebedarfs eines Hauses den Heizungsbrenner regelt. Die großen Automobilfirmen haben alle Fuzzy-Projekte in Arbeit, besonders zur Regelung von Antrieb und Bremsen, auch wenn noch niemand das an die große Glocke hängt. Die ersten Firmen, die mit Fuzzy-Produkten an die Öffentlichkeit gingen, waren AEG und Siemens mit Fuzzy-Waschmaschinen. Siemens unterhält eine ganze Fuzzy-Arbeitsgruppe, die auch eng mit der amerikanischen Firma Togai InfraLogic zusammenarbeitet. Die Landesregierung Nordrhein-Westfalen, ständig auf der Suche nach neuen Schlüsseltechnologien, die einmal die Abhängigkeit des Landes von Kohle und Stahl mindern sollen, hat eine «Fuzzy-Initiative» ins Leben gerufen, zu der neben Zimmermanns Aachener Fuzzy-Clan vor allem die Dortmunder Gruppe um Bernd Reusch gehört.

Das Schattendasein der Fuzzy-Logik ist also endgültig vorbei, sie hat sich ihren Weg sogar ins Repertoire konservativer deutscher Regeltechniker gebahnt. Während die Fuzzy-Welle rollt, muß man aber auch feststellen, daß fast alle kommerziell angebotenen Fuzzy-Produkte (wenn sie überhaupt echte Fuzzy-Lösungen sind) nach dem einfachen Fuzzy-Control-Schema funktionieren, das Ebrahim Mamdani 1973 entwickelt hat. Sicherlich wird es noch ein paar schnellere Fuzzy-Chips und pfiffigere Software geben – aber ist das die «Maschinenintelligenz», von der die Fuzzy-Propagandisten reden?

Lotfi Zadeh zeigt auf seinen Vorträgen gern eine Kurve, die die Entwicklung des sogenannten «Maschinen-IQ» demonstriert, und die sieht etwa so aus:

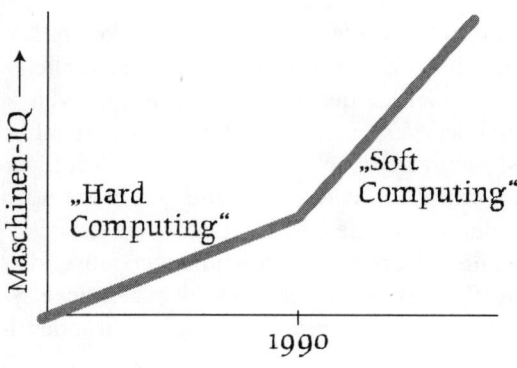

Abb. 60

«Wir stehen am Beginn einer Ära intelligenter Maschinen», sagt Zadeh, und Soft Computing soll diese Ära einläuten. In ein paar Jahren werde es ganz selbstverständlich sein, daß jedes elektronische Produkt mit einem Hinweis auf seinen Maschinen-IQ angepriesen wird – was immer das ist.

Bart Kosko hat ganz konkrete Vorstellungen von den intelligenten Fuzzy-Maschinen der Zukunft. Neben der Lösung klassischer KI-Probleme wie Sprachverständnis, Bilderkennung, autonome Roboter wird sein Fuzzy-Nirwana noch von ganz anderen Kreaturen bevölkert: Sex-Roboter mit menschlichen Verhaltensweisen und gefühlsechter Kunst-Haut, ständig zum maschinellen Liebesdienst bereit. Automatische Schriftsteller, die jederzeit einen Roman zu einem beliebigen Thema im Stil eines frei wählbaren Autors ausspucken können. Und schließlich Nano-Roboter, kleiner als Insekten, die allerlei nützliche Dinge verrichten sollen: In die menschliche Blutbahn eingeschleust, könnten die Maschinchen Molekül für Molekül eines kranken oder hinfälligen Körpers reparieren – der Endsieg der Technik über die Vergänglichkeit des Menschen. Das sind für Kosko nicht bloß Phantastereien, sondern konkrete Utopien: Vorsorglich will er jedenfalls im Todesfall seinen Körper einfrieren lassen, um sich zu gegebener Stunde von einer Armee von Nano-Robotern wieder zum Leben erwecken zu lassen.

Spätestens an dieser Stelle gleitet die wissenschaftliche Prognose natürlich in die Gefilde der Science-fiction ab. Auch wenn Lotfi Zadeh gern Jules Vernes Satz zitiert: «Wissenschaftlicher Fortschritt wird durch übertriebene Erwartungen vorangetrieben» – Träumereien wie die von Kosko entbehren heute noch jeglicher Grundlage, und er könnte sich im nachhinein genauso lächerlich machen wie die KI-Propheten der fünfziger Jahre, die mit ihren Übersetzungscomputern die gesamte wöchentliche Schrift-Produktion der Sowjetunion innerhalb weniger Stunden bewältigen wollten.

Lotfi Zadeh hat zwei Lieblingsbeispiele für das, was er unter Künstlicher Intelligenz versteht: das Einparken eines Autos und das Zusammenfassen eines längeren Artikels in wenigen Sätzen. Während das Einparken ein gutes Beispiel für eine Aufgabe ist, mit der Fuzzy-Systeme besser als herkömmliche Computerprogramme fertig werden können (Programme, die wir in absehbarer Zukunft gar nicht mehr als «intelligent» bezeichnen werden), ist für das Problem der Inhaltsangabe noch keine Lösung in Sicht.

Und das liegt nicht etwa daran, daß die heutigen Computer zu langsam sind – es hat einfach niemand eine blasse Ahnung davon, wie man eine solche Aufgabe programmieren kann.

Fuzzy-Logik ist eine hervorragende Methode, bestimmte Aspekte der menschlichen Sprache in technische Systeme umzusetzen. Aber menschliche Sprache und damit auch menschliches Denken sind erheblich vielschichtiger als das, was die Fuzzy-Logik mit ihren Diagrammen und Funktionen darstellen kann. Und das hat ja auch etwas Tröstliches.

Literaturtips

Bernd Demant: Fuzzy-Theorie oder Die Faszination des Vagen. Vieweg, Braunschweig/Wiesbaden 1993

Ein Buch, das sich an Mathematiker, Informatiker und Ingenieure wendet und vor allem die Theorie der Fuzzy-Logik behandelt. Vorsicht, Formeln!

Daniel McNeill, Paul Freiberger: Fuzzy Logic – Die «unscharfe» Logik erobert die Technik. Droemer Knaur, München 1994

Eine journalistisch geschriebene Einführung in Fuzzy-Logik, die sich vor allem auf die Akteure der Fuzzy-Szene konzentriert.

Bart Kosko: Neural Networks and Fuzzy Systems. Prentice Hall, Englewood Cliffs 1992

Eine Einführung in Koskos Verständnis von Neuronalen Netzen und Fuzzy-Systemen, die neben einer Menge schwergewichtiger Theorie auch die Vor- und Nachteile der verschiedenen Konzepte an Beispielen illustriert.

Constantin von Altrock: Fuzzy Logic – Band 1: Technologie. Oldenbourg, München 1993.

Eine umfangreiche Sammlung von Beispielen für die technische Anwendung von Fuzzy-Logik.

Didier Dubois, Henri Prade, Ronald R. Yager (Hg.): Readings in Fuzzy Sets for Intelligent Systems. Morgan Kaufmann, San Mateo 1993.

Ein Sammelband vom Umfang eines Großstadt-Telefonbuchs, in dem wissenschaftliche Originalartikel aus dreißig Jahren Fuzzy-Forschung dokumentiert sind. Interessant für Leser, die sich in die historische Entwicklung der Fuzzy-Logik vertiefen wollen.

Register

A

adaptive vector quantizer (AVQ) 139f
Adlaßnig, Peter 110
Altrock, Constantin von 159
Anwendungen (s. a. Fuzzy Control)
- Aufzugssteuerung 46f
- Auto vor Ahausen 104f
- Druckregulierung 7–12 (Luftballon-Aufblasmaschine), 42f (Druckbehälter)
- Fuzzy-Controller → Fuzzy Control
- Helikopter 151
- in der Zukunft 156f
- in Deutschland 153f
- in Japan 149, 151–153
- invertiertes Pendel 136–141
- Kamera (CCD-Chip) 133f, 151–153
- medizinisches Expertensystem 110f
- Thermostat 87–92
- Verladekran 93–103, 105–109
- Wagen auf einer Schienenstrecke 143–145
- Waschmaschine 85, 153
Aristoteles 51, 54–56, 59–62, 150
Assilian, Sedrak 84

Aussagenlogik → Fuzzy-Logik; Logik, klassische
Axiome → Logik, klassische

B

Bayes, Thomas 126f
Begriff (s. a. Fuzzy-Mengen)
- gradueller 21
- Kategorisierung/Klassifizierung durch 15
- Modifikatoren 44
- Präzision 19, 26f
- Prototypen 16
- und Idee 14, 17
- und Wirklichkeit 14–21
- Unschärfe 18–21, 23
Betrag 118
Beweis → Mathematik
Boole, George 55
Brooks, Rodney 129

C

CADIAG-2 110f
Cantor, Georg 24, 66, 150
CCD-Chip → Anwendungen, Kamera
«Center of Gravity»-Methode → Defuzzifizierung
Clustering → Fuzzifizierung
Computerprogramme 128–130

D

Definitionsbereich →Mengenlehre, klassische
Defuzzifizierung 10, 95, 102–105
- «Center of Gravity»-Methode (Kompromiß) 103–105, 107
- «Mean of Maximum»-Methode 105

Demant, Bernd 18, 82, 150, 159
Descartes, René 17
Distributivgesetz 30
Dreyfus, Hubert 134
Dubois, Didier 160
Durchschnitt → Fuzzy-Mengenoperationen; Mengenoperationen, klassische

E

Elkan, Charles 130
error backpropagation 134
Euklid 54
Expertensystem 109–111

F

Feldman, David 143, 145, 147
Fitness-Funktion → Genetischer Algorithmus
Folgerung → Fuzzy-Mengenoperationen; Logik, klassische
Freiberger, Paul 80, 159
Fuzzifizierung 33 f (Beispiel «Körpergröße»), 34 f (Beispiel «Klassische Menge»), 36–40 (Beispiel «in der Nähe von»), 42–44 (Beispiel «Körpergröße und Gewicht»), 46 f (Beispiel «zufrieden/unzufrieden»), 48–51, 70 (Beispiel «Körpergröße»), 87–92 (Beispiel «Thermostat»), 94–101, 105–109 (Beispiel «Verladekran»), 137–141 (Beispiel «invertiertes Pendel»), 143–147 (Beispiel «Wagen auf einer Schienenstrecke»)
- Clustering 139 f

Fuzzy-Anwendungen → Anwendungen
Fuzzy-Begriffe → Fuzzy-Mengen
Fuzzy Control 84–87, 93–109, 131, 135 f, 155 (s. a. Defuzzifizierung; Fuzzifizierung; Fuzzy-Logik und Genetischer Algorithmus; Fuzzy-Logik und Neuronales Netz)
- Beispiele → Anwendungen
- Input 86, 88, 94 f, 133, 135, 138
- Output 86, 88, 94 f, 102 f, 133, 135, 138

«Fuzzy-Demokratie» 12, 100, 103
Fuzzy-Expertensystem → Expertensystem
Fuzzy-Fleck 89–92
Fuzzy-Forschungsinstitute 151 (s. a. Zimmermann, Hans-Jürgen)
Fuzzy-Graph 89 f
Fuzzy-Input → Fuzzy Control
Fuzzy-Logik
- als «soft computing» 128–148, 155
- Anwendungen → Anwendungen; Fuzzy Control
- Definition 9 f, 18 f, 20, 88
- Grenzen der 46, 109, 156 f
- und Genetischer Algorithmus 141–148
- und klassische Logik 61

- und Kommerz 151
- und Kontinuum 150
- und Künstliche Intelligenz 130f
- und «Maschinenintelligenz» 155
- und Möglichkeit 79
- und Neuronales Netz 131–136, 138–142
- und östliche Philosophie 149–151
- und Wahrscheinlichkeitsrechnung 48, 78–83, 125–127
- Wahrheitswert («Grauwerte») 21–23, 46, 66–68, 71

Fuzzy-Maschine → Anwendungen
Fuzzy-Maß → Fuzzy-Mengen, Fuzziness von
Fuzzy-Mengen (-Mengenlehre) 10, 12, 23, 31, 67f
- Ähnlichkeit von 119–121
- als Flecken → Fuzzy-Fleck
- als Funktionen 33–36, 42–44
- als Wolken → Fuzzy-Wolke
- Beispiel «in der Nähe von» 36–40
- Beispiel «Körpergröße» 32–36, 44f
- Beispiel «Körpergröße und Gewicht» 42–44
- Fuzziness von 121–125
- Größe von 118f
- im Hyperwürfel 113–126
- mehrdimensionale 42–44
- Mengenoperationen → Fuzzy-Mengenoperationen
- Operator max (Maximum) 38–40
- Operator min (Minimum) 38f
- «Schwarzes Loch der Mengenlehre» 117
- Zugehörigkeitsgrad 17, 20f, 33f, 38–40

Fuzzy-Mengenoperationen
- Durchschnitt (Symbol: ∩) 38–40, 50f, 116, 124
- Folgerung (Symbol: ⇒) 71–74
- im Hyperwürfel 113–126
- Implikation (Symbol: →) 69f
- Komplement (Symbol: ⁻) 35f, 50f, 67, 115f, 121, 124
- «oder»-Verknüpfung (Symbol: ∨) 68f
- Teilmenge (Symbol: ⊂) 45f, 70 (Fußnote), 121–127
- «und»-Verknüpfung (Symbol: ∧) 68f
- Vereinigung (Symbol: ∪) 39f, 49–51, 116, 124

Fuzzy-Output → Fuzzy Control
«Fuzzy-Parlament» → «Fuzzy-Demokratie»
Fuzzy-Quadrat → Fuzzy-Mengenoperationen im Hyperwürfel
Fuzzy-Regeln (s. a. Fuzzifizierung) 10–12, 95, 97, 100f, 109, 131
- «Evolution» von 145–148
Fuzzy Sets and Systems (Zeitschrift) 154
Fuzzy-Steuerung → Fuzzy Control
Fuzzy-Technik → Anwendungen
Fuzzy-Theorem 74f
Fuzzy-Untermenge → Teilmenge
Fuzzy-Waschmaschine → Anwendungen
Fuzzy-Wolke 37f, 91f, 138–140

G

Genetischer Algorithmus 109, 128, 131, 141–148
- Fitness-Funktion 145
- Mutation 146f

- Reproduktion 146f
- Selektion 145–147
Gesellschaft für Mathematik und Datenverarbeitung (GMD) 9
Glücksspiel 77
Gödel, Kurt 63, 66
Goldberg, David 146
Graph 89f

H

Haufenschluß → Paradoxa, Sorites
Häufigkeit, relative 125f
Hemingway, Ernest 21
Hyperwürfel → Fuzzy-Mengenoperationen im Hyperwürfel

I

Idee (Platon) 14, 17
Identität → Selbst-Bewußtsein
Implikation → Fuzzy-Mengenoperationen; Logik, klassische
Inferenz, fuzzy-logische 10
Input → Fuzzy Control
International Fuzzy Systems Association (IFSA) 154

J

Jang, Jyh-Shing 140f

K

Kamera → Anwendungen
Kant, Immanuel 21
Kettenschluß → Paradoxa, Sorites

Komplement → Fuzzy-Mengenoperationen; Mengenoperationen, klassische
Komplexität 22
Kontinuum
- und Fuzzy-Logik 150
- Wirklichkeit als 19–21, 71–73
Kosko, Bart 21f, 32, 78, 111–113, 126f, 139f, 149f, 155f, 159
Kransteuerung → Anwendungen, Verladekran
Künstliche Intelligenz (KI) 110f, 129–131, 156

L

Lindley, Dennis 126
Logic, Fuzzy → Fuzzy-Logik
Logik, klassische 52–66 (s. a. Mengenlehre, klassische)
- Äquivalenz (Symbol: $\Leftrightarrow$) 62
- Axiome 18f, 54f, 61–63
- Folgerung (Symbol: $\Rightarrow$) 59f
- Implikation (Symbol: $\to$) 58f
- *modus ponens* 52
- *modus tollens* 52
- «oder»-Verknüpfung (Symbol: $\vee$) 28, 57f
- Satz vom ausgeschlossenen Dritten 31, 51, 54
- Satz vom ausgeschlossenen Widerspruch 18, 54–56, 63, 66
- und Fuzzy-Logik 61
- «und»-Verknüpfung (Symbol: $\wedge$) 28, 55f, 58
- Unentscheidbarkeit 66
- Verneinung 55
- Wahrheitstafel 55–58
- Wahrheitswert 18, 55, 66f
- Widerspruchsfreiheit → Satz

vom ausgeschlossenen Widerspruch
- zweiwertige Logik («Schwarzweißschema») 18–20, 35 f
Logik, mehrwertige 23
Luftballon-Aufblasmaschine
  → Anwendungen
Lügnerparadox → Paradoxa
Lukasiewicz, Jan 52, 66–70

M

Mamdani, Ebrahim 84, 155
Maschinen-Intelligenz 155
Mathematik
- als kreativer Prozeß 61 f
- Axiome 18 f, 55, 61–63
- Beweis 62 f
- Exaktheitsanspruch 19, 26 f
- mathematische Sätze 61
McNeill, Daniel 80, 159
«Mean of Maximum»-Methode
  →Defuzzifizierung
Menge, leere (Symbol: $\emptyset$) 26
Mengenlehre, fuzzy → Fuzzy-Mengen(operationen)
Mengenlehre, klassische 24–31, 32 f, 54–66 (s. a. Logik, klassische; Mengenoperationen, klassische)
- Ähnlichkeit von Mengen 121
- Definitionsbereich 24–30, 56 f
- Gleichheit von Mengen 119
- Größe von Mengen 118
- klassische Menge als Fuzzy-Menge 35
- Selbstreferentialität 66
Mengenoperationen, fuzzy
  → Fuzzy-Mengenoperationen
Mengenoperationen, klassische

- Durchschnitt (Symbol: $\cap$)
  27–30, 38
- Komplement (Symbol: $^-$)
  28–31, 36
- Vereinigung (Symbol: $\cup$)
  28–30
Minsky, Marvin 129
Modifikatoren 44
modus ponens → Logik, klassische
modus tollens → Logik, klassische
Möglichkeit, Theorie der 79–81
Mutation → Genetischer Algorithmus

N

Neuro-Fuzzy-Verfahren → Fuzzy-Logik und Neuronales Netz
Neuronales Netz 109, 128, 131–136, 138–142
Newton, Isaac 19
Norm 118

O

«oder»-Verknüpfung → Fuzzy-Mengenoperationen; Logik, klassische
Output → Fuzzy Control

P

Paradoxa
- Barbierparadox 65, 68
- Lügnerparadox 63 f, 67 f
- Sorites (Ketten- oder Haufenschluß) 20 f
- Visitenkarte 64 f, 68
Pascal, Blaise 76 f

Pendel, invertiertes → Anwendungen
Physik 19f
Pierce, Charles Sanders 20
Platon 14, 17
Possibilistik → Möglichkeit, Theorie der
Prade, Henri 160
Primzahl 26f, 62f
Probabilistik → Wahrscheinlichkeitsrechnung
Pythagoras 54

R

Randow, Gero von 77 (Fußnote)
Regelung → Steuerung
Reusch, Bernd 155
Roboter 129f, 156
Rosch, Eleanor 15–17
Russell, Bertrand 65f

S

Satz vom ausgeschlossenen Dritten → Logik, klassische
Satz vom ausgeschlossenen Widerspruch →Logik, klassische
Selbst-Bewußtsein 17f
Selektion → Genetischer Algorithmus
Sorites → Paradoxa
Sprache → Begriff
Statistik 77
Steuerung → Fuzzy Control

T

Teilmenge → Fuzzy-Mengenoperationen
Tribus, Myron 78

U

«und»-Verknüpfung → Fuzzy-Mengenoperationen; Logik, klassische
Unentscheidbarkeit → Logik, klassische
Untermenge → Teilmenge
Urteile, analytische/synthetische 21

V

Venn-Diagramm 25
Vereinigung → Fuzzy-Mengenoperationen; Mengenoperationen, klassische
Verladekran → Anwendungen
Verneinung → Logik, klassische
Videokamera → Anwendungen, Kamera

W

Wahrheitsgrad → Fuzzy-Logik, Wahrheitswert
Wahrheitstafel → Logik, klassische
Wahrheitswert → Fuzzy-Logik; Logik, klassische
Wahrscheinlichkeitsrechnung 22, 48, 76–83, 125–127
Waschmaschine → Anwendungen

Whitehead, Alfred North 65
Widerspruchsfreiheit → Satz vom
 ausgeschlossenen Widerspruch

Y

Yager, Ronald R. 160
Yamakawa, Takeshi 136

Z

Zadeh, Lotfi 9, 22 f, 32, 45, 75,
 80, 84 f, 88, 128, 155 f
Zimmermann, Hans-Jürgen 153 f
Zufall 78
Zugehörigkeitsgrad → Fuzzy-
 Mengen

science

Die Reihe rororo «science» bietet Lesern, die sich für Naturwissenschaft und Technologien interessieren, aktuelle und verläßliche Informationen. Die Autoren sind Wissenschaftler und Wissenschaftsjournalisten, die ohne Formelhuberei und Fachkauderwelsch, dafür mit Sachverstand, Witz und farbiger Sprache über verschiedene Bereiche der Forschung und deren Auswirkungen auf unser Leben berichten.

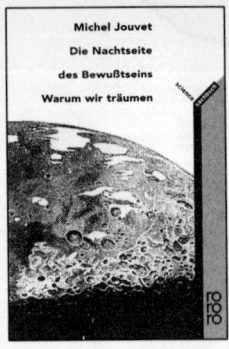

Bernhardt Borgeest
Ein Baum und sein Land
24 Symbiosen
(rororo science 9536)
Ein neuer, ungewohnter Blick auf unsere knorrigen Gesellen - der Baum ist nicht nur aus botanischer Sicht faszinierend, sondern auch als kulturhistorisches und ethnologisches Phänomen: als Symbol idealer menschlicher Eigenschaften, als Ort der Riten und des Richtens, als Nationalheiligtum und schnöder Holzlieferant ist er aus unserer Geschichte und Gesellschaft nicht wegzudenken.

Claus Emmeche
Das lebende Spiel
Wie die Natur Formen erzeugt
(rororo science 9618)

Christoph Drösser
Fuzzy Logic
Methodische Einführung in krauses Denken
(rororo science 9619)
Alle reden von Fuzzy Logic - und keiner weiß genau, was das ist.

rororo sachbuch

Der Wissenschaftsjournalist Christoph Drösser lädt ein zu einer vergnüglichen Zickzackfahrt durch Fuzzyland: die Grauzonen der graduellen Übergänge, des Noch-nicht-und-nicht-Mehr.

Michel Jouvet
Die Nachtseite des Bewußtseins
Warum wir träumen
(rororo science 9621)

Robert Ornstein/Richard F. Thompson
Unser Gehirn: das lebendige Labyrinth
(rororo science 9571)
«Unter den Veröffentlichungen der letzten Jahre auf dem Gebiet der Hirnforschung erhält das Buch seinen besonderen Stellenwert durch die eindrucksvollen Zeichnungen von Macaulay, der mit ungewöhnlichen, perspektivischen Darstellungen der Gehirnstukturen auch den vorgebildeten Leser verblüfft.»
bild der wissenschaft

science

Angelika Anders-von Ahlften/
Jürgen Altheide
Laser - das andere Licht
(rororo science 9664)
Erhältlich ab August '94.
Laser - das andere Licht: Was ist das? Wie funktioniert es? Was kann man damit machen? Immer mehr Menschen haben mit dieser wichtigen technischen Neuerung zu tun: in der Meß- und Informationstechnik, in Labors und Fabrikhallen, in medizinischen wie in künstlerischen Berufen.

John D. Barrow
Theorien für Alles
Die Suche nach der Weltformel
(rororo science 9534)
Erhältlich ab September '94.
«Alles» ist ein großes Wort. Gibt es eine Theorie, in der alle Naturkräfte und -gesetze vereinigt sind und die das Weltgeschehen vom Anfang bis zum Ende erklären kann? das ist die zentrale Frage der Naturwissenschaft. Schon Sokrates geriet bei diesem Gedanken ins Schwärmen - und Ende des 20. Jahrhunderts zeigen sich Wissenschaftler wie Stephen W. Hawking zuversichtlich: «Es ist möglich, daß uns eines Tages der Durchbruch zu einer vollständigen Theorie des Universums gelingt.»

Adrian Desmond/James Moore
Darwin
(rororo science 9574)
Erhältlich ab Mai '94.
Als «erste wirkliche Darwin-Biographie» würdigte die

britische Presse dieses Werk, das in weiten Teilen erst seit wenigen Jahren zugängliches Material auswertet: die umfangreichen geheimen Tagebücher und die 14.000 Briefe umfassende Korrespondenz. «Desmond und Moore haben aus dieser Fundgrube ein Darwin-Bild von bislang nicht denkbarer Lebensnähe rekonstruiert», schreibt Peter Brügge in seiner *Spiegel*-Rezension.

Gaby Miketta
Netzwerk Mensch
Den Verbindungen von Körper und Seele auf der Spur
(Rororo science 9662)
Erhältlich ab Oktober '94.
Der Mensch als Netzwerk: Wie wir uns fühlen, wie wir mit Belastungen fertig werden, wie anfällig wir für Erkrankungen sind - all das hängt mit der stetigen Wechselwirkung von Nerven-, Hormon- und Immunsystem zusammen, dem Forschungsfeld der neuen Wissenschaft «Psychoneuroimmunologie».

rororo sachbuch

James Trefil

Physik im Strandkorb *Von Wasser, Wind und Wellen*
Deutsch von
Helmut Mennicken
Mit Illustrationen von
Gloria Walters
(rororo science 9683 - erhältlich ab Juli '94 - und als gebundene Ausgabe im Wunderlich Verlag)
Wie kommt das Salz ins Meer? Warum gibt es Ebbe und Flut? Wieso rollen die Wellen immer parallel auf den Strand zu?
«Ein herrlicher Ausflug vom Strand bis ans Ende des Sonnensystems.»
The New York Times

Physik in der Berghütte *Von Gipfeln, Gletschern und Gestein*
Deutsch von
Helmut Mennicken
(rororo science 9382 und als gebundene Ausgabe im Wunderlich Verlag)
James Trefils Streifzüge durchs Gebirge sind keine schweißtreibenden Kletterpartien, sondern lustvolle Gedankenreisen: von Felsmassiven zur Geschichte der Erde, vom sprudelnden Gebirgsbach zu Strömungslehre und Chaostheorie, vom Drehwuchs der Bäume zum Ursprung des Lebens.
«Trefil ist einer der wenigen Wissenschaftler, die dem Leser nicht nur die wissenschaftlichen Sachverhalte, sondern auch den Spaß daran vermitteln.»
Los Angeles Times

Wunderlich und rororo

1000 Rätsel der Natur
Deutsch von
Helmut Mennicken
(als gebundene Ausgabe im Wunderlich Verlag)
In lebendiger Sprache werden die Grundlagen der Biologie, der Physik, der Geologie und Astronomie dargestellt. Wir erfahren aber auch, was der Daumen des Panda-Bären evolutionsgeschichtlich bedeutet, warum wir alt werden, warum Blumen einst für das Dinosaurier-Sterben verantwortlich gemacht worden sind und was Computerviren mit Krankheitserregern gemeinsam haben.

Fünf Gründe, warum es die Welt nicht geben kann *Die Astrophysik der Dunklen Materie*
(rororo science 9313)

Ausflüge ins All

Kosmologie und Astrophysik

Peter W. Atkins
Schöpfung ohne Schöpfer *Was war vor dem Urknall?*
(rororo sachbuch 8391)

Reinhard Breuer (Hg.)
Immer Ärger mit dem Urknall
Das kosmologische Standardmodell in der Krise
(rororo science 9323)

Rudolf Diehl
Sonne, Mond und Sterne
Unser Sonnensystem - Ein Überblick
(rororo sachbuch 9305)

Hans Elsässer
Weltall im Wandel
Die neue Astronomie
(rororo sachbuch 8361)
Die Astronomie, zu deren führenden Vertretern Professor Hans Elsässer zählt, entwirft heute ein neues Bild vom Weltall. Durch das stark erweiterte Arsenal ihrer Beobachtungsmethoden hat sich die älteste Wissenschaft von der Natur in jüngster Zeit geradezu explosiv entwickelt. Werden und Vergehen im Kosmos ist eines ihrer zentralen Forschungsthemen. Hans Elsässers reich bebilderte Darstellung bilanziert umfassend und prägnant diese «neue Astronomie».

Tor Nørretranders
Der Anfang der Unendlichkeit
Essay über den Himmel
(rororo science 9528)

James Trefil
Fünf Gründe, warum es die Welt nicht geben kann
Die Astrophysik der Dunklen Materie
(rororo science 9313)
«Trefils Buch ist eine faszinierende Chronik der geistreichen Versuche, mit den Problemen der heutigen Modelle des Universums zu Rande zu kommen - ohne technische Details, Formeln, komplizierte Diagramme und in einfacher, klarer Sprache.»
Wiener Zeitung

Ein Gesamtverzeichnis aller lieferbaren Bücher und Taschenbücher der Rowohlt Verlage und des Wunderlich Verlags finden Sie in der *Rowohlt Revue*. Jedes Vierteljahr neu. Kostenlos in Ihrer Buchhandlung.

rororo sachbuch

Stephen W. Hawking

Ein «Jahrhundertgenie wie Albert Einstein» (*Der Spiegel*), ein Wissenschaftler, der der Weltformel auf der Spur ist, ein Mann, der entgegen allen Prognosen der Ärzte seit zwanzig Jahren mit einer unheilbaren tödlichen Nervenerkrankung lebt, kurz ein Mythos - **Stehen W. Hawking,** 1942 geboren, Physiker und Mathematiker an der Universität Cambridge, seit 1979 Nachfolger Newtons auf dem berühmten «Lukasischen Lehrstuhl» und der wohl bekannteste Wissenschaftler unserer Zeit.

Eine kurze Geschichte der Zeit
Die Suche nach der Urkraft des Universums
(rororo science 8850 und als gebundene Ausgabe)
Der Bestseller, der Hawking weltberühmt machte.
«Eine rasante Geisterbahnfahrt durch das Labyrinth kosmologischer Denkmodelle.»
Der Spiegel

Einsteins Traum *Expeditionen an die Grenzen der Raumzeit*
(192 Seiten. Gebunden)

Stephen W. Hawking (Hg.)
Stephen Hawkings Kurze Geschichte der Zeit
Ein Wissenschaftler und sein Werk
(224 Seiten mit zahlreichen Abbildungen. Gebunden)

Über Stephen W. Hawking:

John Boslough
Jenseits des Ereignishorizonts
Stephen Hawkings Universum
(176 Seiten. Gebunden)

Michael White/John Gribbin
Stephen Hawking *Die Biographie*
(rororo science 9528)

rororo sachbuch

Ein Gesamtverzeichnis aller lieferbaren Bücher und Taschenbücher der Rowohlt Verlage und des Wunderlich Verlags finden Sie in der *Rowohlt Revue*. Jedes Vierteljahr neu. Kostenlos in Ihrer Buchhandlung.

Öko-Ratgeber

Rainer Grießhammer
Der Öko-Knigge
(rororo sachbuch 8351)
Der Öko-Knigge macht Spaß und kein schlechtes Gewissen. Umweltfreundliches Verhalten läßt sich lernen – und zwar mit Vergnügen!

Bernhard Rosenkranz
Mein Garten ohne Gift
Praktische Tips durchs ganze Jahr
(rororo sachbuch 7982)
Der Umwelt-Tester *Schadstoffe im Alltag auspüren - messen - vermindern*
(rororo sachbuch 7976)

Silke Schwartau / Bernhard Rosenkranz
Der Kosmetik-Tester
Inhaltsstoffe Rezepte Naturkosmetik
(rororo sachbuch 8779)
Was enthalten Kosmetika wirklich? Welche Inhaltsstoffe lösen Allergien aus? Wie mache ich Kosmetika selber? Woran erkenne ich, daß Naturkosmetik wirklich natürlich ist?

Brunhilde Marquardt-Mau / Jürgen Mayer / Helmut Mikelskis
Umwelt
Lexikon ökologisches Grundwissen
(rororo sachbuch 6337)

ÖKO-TEST
Ratgeber Büro
(rororo sachbuch 8734)

ÖKO-Test
Ratgeber Heimwerken
(rororo sachbuch 8580)

ÖKO-TEST
Ratgeber Kleinkinder
(rororo sachbuch 8518)

ÖKO-TEST
Ratgeber Waschen und Putzen
(rororo sachbuch 8521)

ÖKO-TEST
Ratgeber Haushaltsgeräte
(rororo sachbuch 9170)
ÖKO-TEST
Lexikon Haushalt
(rororo sachbuch 8733)

ÖKO-TEST
Ratgeber Diät
(rororo sachbuch 8541))

ÖKO-TEST
Ratgeber Kosmetik *Drei Bände*
(Band 1: rororo sachbuch 8520. Band 2: rororo sachbuch 8787. Band 3: rororo sachbuch 9101)

ÖKO-TEST
Ratgeber Bauen und Renovieren
(rororo sachbuch 9331)

Sämtliche Bücher und Taschenbücher zum Thema Ökologie finden Sie in der *Rowohlt Revue*. Jedes Vierteljahr neu. Kostenlos in Ihrer Buchhandlung.

rororo sachbuch

Körper und Gesundheit

Frederic F. Flach
Depression als Lebenschance
Seelische Krisen und wie man sie nutzt
(rororo sachbuch 7168)

Jennifer James
Trübe Tage *Wege aus dem weiblichen Stimmungstief*
(rororo sachbuch 8840)
Dieses leicht zugängliche, praktische Buch wendet sich an alle Frauen, die sporadisch in leichte Depressionen verfallen und immer wieder von Melancholie und Mutlosigkeit eingeholt werden und beschreibt mit Humor und Selbstironie wie "frau" dagegen angehen kann.

Was wir alles schlucken *Zusatzstoffe in Lebensmitteln*
Herausgegeben von der KATALYSE Institut für angewandte Umweltforschung
(rororo sachbuch 8465)

Gunter Schmidt
Das große Der Die Das *Über das Sexuelle*
(rororo sachbuch 8459)

Dagobert Tausch
Taschenlexikon der Medizin *Über 17.000 Namen, Begriffe und Methoden aus allen Bereichen der Medizin - präzise und allgemeinverständlich erklärt*
(rororo sachbuch 6285)

H. Hemminger / V. Becker
Wenn Therapien Schaden
Kritische Analyse einer psychotherapeutischen Fallgeschichte
(rororo sachbuch 9137)

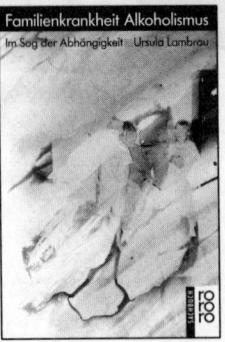

Ursula Lambrou
Familienkrankheit Alkoholismus
Im Sog der Abhängigkeit
(rororo sachbuch 8771)
Alkoholismus ist eine Familienkrankheit: Erst langsam wird die volle Bedeutung dieses Satzes auch hierzulande einer breiteren Öffentlichkeit bewußt. Die Autorin, Pädagogin mit psychologischer Ausbildung in den USA, hat das erste deutsche Buch zu diesem wichtigen Thema geschrieben.

Inge Nordhoff / "pro familia"
Wenn Mädchen die Pille wollen ...
Alles über Liebe, Sexualität, Verhütung
(rororo sachbuch 7930)

rororo sachbuch

Sämtliche Bücher und Taschenbücher zum Thema finden Sie in der *Rowohlt Revue*. Jedes Vierteljahr neu. Kostenlos in Ihrer Buchhandlung.

Rockmusik und populäre Kultur

Louis Armstrong
dargestellt von Ilse Storb
(rororo bildmonographien 443)

Joachim-Ernst Berendt (Hg.)
Die Story des Jazz *Vom New Orleans zum Rock Jazz*
(rororo sachbuch 7121)

Robin Denselow
The Beat goes On *Popmusik und Politik. Geschichte einer Hoffnung*
(rororo sachbuch 8849)

Albert Goldman
John Lennon *Ein Leben*
(rororo 13158 und als gebundene Ausgabe im Wunderlich Verlag)
Als John Lennon erschossen wurde, endete eine Epoche. Die Musik der Beatles stand für das Lebensgefühl einer ganzen Generation. Albert Goldman aber deckt nun in seiner schockierenden Biographie die verborgenen Seiten eines Musikgenies auf. Eine Biographie, die man «wie einen spannenden Krimi verschlingt». *FAZ*

Charlotte Greig
Will You Still Love Me Tomorrow? *Mädchenbands von den 50er Jahren bis heute*
(rororo sachbuch 8854)

Bernward Halbscheffel / Tibor Kneif
Sachlexikon Rockmusik
Instrumente, Stile, Techniken, Industrie und Geschichte
(rororo sachbuch 6334)
Ob Amplifier oder Achtelnote, Heavy Metal oder House, Kadenz oder Klirrfaktor, Riff oder Reggae, Synthesizer oder Scratching - dieses Lexikon klärt auf.

Martin Kunzler
Jazz-Lexikon
Band 1: AABA-Form bis Kyle
(rororo sachbuch 6316)
Band 2: La Barbera bis Zwingenberger
(rororo sachbuch 6317)

Carsten Laqua
Wie Micky unter die Nazis fiel
Walt Disney und Deutschland
(rororo sachbuch 9104)

Michael Naura
Jazz-Toccata *Ansichten und Attacken*
(rororo sachbuch 9162)

Sämtliche Bücher und Taschenbücher zum Thema finden Sie in der *Rowohlt Revue*. Jedes Vierteljahr neu. Kostenlos in Ihrer Buchhandlung.

rororo sachbuch